映画制作の教科書

TEXTBOOK OF
FILMMAKING

プロが教える60のコツ

企画	撮影	編集	上映
Pre-Production	Production	Post Production	Release

衣笠竜屯 監修

メイツ出版

自分の映画、作りたくありませんか？

映画制作に取り組んでいるんだけど、どうも上手くいかなくて…。

気持ちはあっても、才能がないと難しいに決まってるよね。

教本はどれも専門的すぎて…カンタンに分かる本がないんだ。

企画から脚本、撮影、編集、上映まで…そんなの一人で不可能だよね。

動画は得意だけど、映画となるとどうしていいか…。

学園祭やサークル、町おこしにコンテスト…機会はたくさんあるのに。

深刻にならなくても大丈夫。映画作りは思ってるよりカンタン。
アイデア、スタッフ集め、機材の揃え方、売り込み、みんなコツがあるんだ。
撮影や編集技術だけじゃない。映画作りのすべてが、この一冊にはぎゅっと詰まっているんだよ。

はじめに

これまで 30 年、自らも映画を作る一方、人生で初めて映画を作る方々のお手伝いをしてきました。今では専門学校の講師を務めています。それで分かってきたことがあります。

「映画は誰にでも作れる」

私が映画を作り始めた80年代、撮影は 1分間 1万円 (16 ㎜フィルム)、カメラは数百万円という高額の費用が必要なのにも関わらず、高校や大学に映画研究部が乱立し、文化祭で多数の自主制作映画が上映され、映画を作る若者はあとを絶ちませんでした。それが現代の映画監督たちが生まれる素地となりました。

時代はアナログからデジタルに移行し、コンピュータが映画制作の現場で利用されるようになり、機材や撮影コストは劇的に低減、「何かを作ってみたい」というあなたの想いは確実にかなえられます。

とはいえ映画は、企画から脚本、撮影に音入れ、編集を経て完成する総合芸術です。そしてまた、スタッフやキャストを集めたり、上映費用、上映手段を確保したりという、プロジェクトマネジメントでもあります。

しかし実際、世の中は映像社会なのに、映画の教科書となると撮影技術や編集などに特化した職業訓練用の専門書しか目につきません。

この本は、私が多くの映画監督の卵を育ててきた経験から、単なる技術だけではなく、映画制作の始めから終わりまでのすべてを盛り込みました。それぞれの過程においては、できるだけ具体的で実践的なコツを分かりやすく解説するようにしています。きっと、「**みんなの映像文化時代**」への新しい架け橋になることでしょう。

衣笠 竜屯

あなたにも面白い映画が作れる。

Contents

プロローグ ……………………………………………………………… 2

はじめに ………………………………………………………………… 3

Contents ………………………………………………………………… 4

この本の使い方 ………………………………………………………… 6

SCENE 1 │面白い映画にするコツ│Pre-Production／プリプロ［準備］……… 7

  TAKE01 どんな映画を作りたいのか？ まずはアウトプット！ …… 8

  TAKE02 面白い物語を作るにはラストから ………………………… 10

  TAKE03 変化が物語 ゴールまでをじらして面白く ……………… 12

  TAKE04 物語をどうじらせるか 古典的構成でアプローチ ……… 14

  TAKE05 面白さを作るために分析法を身につけよう …………… 16

  TAKE06 シナリオに入る前に物語の骨格をまとめよう ………… 18

  TAKE07 シナリオの鉄則 カメラに映ることだけ書く …………… 20

  TAKE08 アイデア発想法① 仲間とブレインストーミング ……… 22

  TAKE09 アイデア発想法② 一人でもできるマインドマップ …… 24

  TAKE10 アイデア発想法③ 占いを利用して物語を作る ……… 26

  TAKE11 アイデア発想法④ カード技法を活用しよう …………… 28

  TAKE12 あなたと観客と登場人物 深い思いの共有が感動を生む … 30

  TAKE13 どのくらいかかる？ 制作に欠かせないお金と時間 …… 32

  TAKE14 撮影の準備は3つの要素をリストチェック …………… 34

  TAKE15 現場を活性化させるのは聴く力と目的の共有 ………… 36

  TAKE16 映画の機材を知れば表現の可能性が拡がる …………… 38

  TAKE17 カメラとレンズと三脚は映像に合わせて決める ……… 40

  TAKE18 照明機材で映像の印象を演出 ……………………………… 42

  TAKE19 録音機材を使いこなして良い音を作ろう ……………… 44

  TAKE20 編集用のデジタル環境を整える ………………………… 46

  TAKE21 スケジュール管理は香盤表でシステム化 ……………… 48

  TAKE22 どんな流れの映画にするか 編集を知りコンテにする … 50

  TAKE23 観察から想像へ 演技力を鍛えよう ……………………… 52

参考資料：TAKE21 シナリオ原稿 ……………………………………… 54

SCENE 2 │順調に撮影を進めるコツ│Production／プロダクション［撮影］… 55

  TAKE24 撮影日の前の不安はチェックリストで解消 …………… 56

  TAKE25 パート別、撮影現場での心得はこれだ！ ……………… 58

  TAKE26 撮影当日の服・荷物・集合はアウトドアをイメージする ……… 60

  TAKE27 映画の撮影はショットの積み重ね ……………………… 62

  TAKE28 カメラマジック① 心をつかむ構図テクニック ………… 64

  TAKE29 カメラマジック② レンズの選択で印象が変わる ……… 66

  TAKE30 カメラマジック③ カメラ位置には鉄則がある ………… 68

  TAKE31 カメラマジック④ 踊りだすカメラ ……………………… 70

  TAKE32 カメラマジック⑤ 映像のぼかし方とカメラの移動 …… 72

Contents

■■■■■■

　　　TAKE33　デジタル調整でシーンの光を合わせる ……………………… 74
　　　TAKE34　照明（ライティング）を工夫し光と影をコントロール ……… 76
　　　TAKE35　録音技法に習熟しセリフをクリアに拾おう ………………… 78
　　　TAKE36　役者は写り方も意識してキャラクターを演じる ……………… 80
　　　TAKE37　映画を支える制作の仕事 お手伝いするにはここに注意 …… 82
　　　TAKE38　監督の力量は技能ではなく現場をまとめる雰囲気 …………… 84
コラム・フィルムメーカーたちの体験談① …………………………………………86
SCENE3│成功する仕上げのコツ│Post Production／ポスプロ［編集・仕上げ］… 87
　　　TAKE39　何を観客の想像にゆだねるか 編集で物語の時空間をつなぐ ………88
　　　TAKE40　動画の仕組みを知って編集ソフトを使いこなそう ………… 90
　　　TAKE41　上手な編集① シーンの意図を削り出す ……………………… 92
　　　TAKE42　上手な編集② アクションとリアクション ………………… 94
　　　TAKE43　画の仕上げ① 明るさや色を仕上げる ……………………… 96
　　　TAKE44　画の仕上げ② カラーグレーディング ……………………… 98
　　　TAKE45　トラックを使って合成や字幕を加える ………………… 100
　　　TAKE46　効果音と音楽を利用して物語を浮かび上がらせる ………… 102
　　　TAKE47　後処理をマスターして自然なアフレコを実現する ………… 104
　　　TAKE48　整音（MA）することでセリフや音楽をなじませる ……… 106
　　　TAKE49　メインタイトルとエンドクレジットを入れる ………… 108
　　　TAKE50　試写でブラッシュアップ 完成品を仕上げる ………… 110
コラム・フィルムメーカーたちの体験談② ………………………………………… 112
SCENE4│感動をみんなに届けるコツ│Release／［公開］ ……………………… 113
　　　TAKE51　公開と上映会 あなたの映画を届けよう ……………… 114
　　　TAKE52　観客を呼び込むチラシ・ポスターの作り方 ………… 116
　　　TAKE53　媒体特性をふまえた集客・宣伝をしよう ………… 118
　　　TAKE54　上映後の舞台挨拶は作った人と観た人が出会う瞬間 ………120
　　　TAKE55　映画祭やコンテスト映画を届ける側になろう ………… 122
コラム・フィルムメーカーの総合格闘技イベント「The 48 Hour Film Project」… 124
　　・48HFP大阪大会 参戦記（衣笠組 VS 鬼村組）………………… 125
　　・フィルムメーカーたちの体験談③ …………………………………… 126
SCENE5│秘伝ツールを使うコツ│Special Tools［お役立ち道具］……………… 127
　　　TAKE56　映画の大まかな構成を分析する 映画分析シート ………… 128
　　　TAKE57　映画の大まかな構成を考える 物語シート ………… 130
　　　TAKE58　物語の構造を整える 起承転結ブロック用紙 ………… 132
　　　TAKE59　記録用紙は撮影時に欠かせない ポスプロへの報告書 …… 134
　　　TAKE60　準備や現場で使える 各種データ集 ………… 136
コラム・フィルムメーカーたちの体験談④ ………………………………………… 140
あとがき …………………………………………………………………………… 142
参考文献・協力 …………………………………………………………………… 143
スタッフ紹介・奥付 ……………………………………………………………… 144

この本の使い方

この本は、映画制作の準備、撮影、編集・仕上げ、公開までのすべての工程を、物語の起承転結に合わせて **SCENE1~4** という 4 章立てで解説していきます。そして最後の **SCENE5** では、映画制作の極意であり、これで差がつく秘密兵器とも言える秘伝ツールを伝授します。

面白い映画を作る**コツ60** を、それぞれ **TAKE** で表し、見開きで解説。

SCENE1～4 の制作工程の中で、今がどの段階のページなのかが分かるように表示。

「**P（プロデューサー）・監督・脚本・制作・撮影・録音・編集・音響・音楽・役者・上映**」映画制作に必要なスタッフの中で、このページに関係する部署を濃い枠で表示。

この**TAKE**の**ポイント**を、分かりやすく解説。

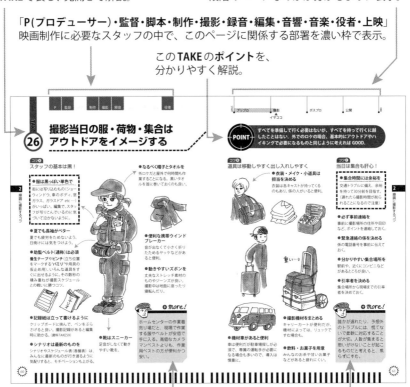

知っておいて得するワンモア的アドバイス。

各見開き**TAKE** ごとにひとつの**テーマ**を挙げ、**極意**を分かりやすく解説し、映画作りに必要な全部で **60のコツ**をマスター。必要な**章**や苦手な **TAKE**、どこからでも始めることができる。映画を制作中の現場でもこの本を虎の巻のように持っておくと必ず役に立つはず。

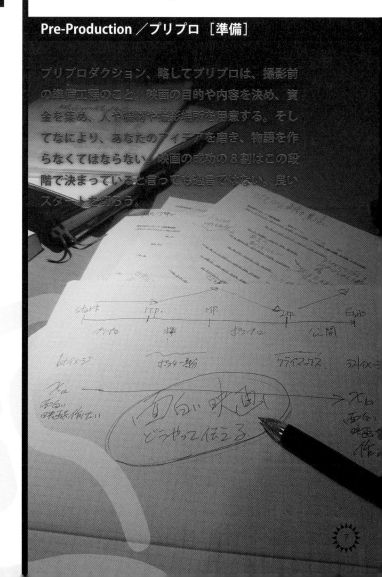

SCENE **1** | # 面白い映画にするコツ

Pre-Production ／プリプロ ［準備］

プリプロダクション、略してプリプロは、撮影前の準備工程のこと。映画の目的や内容を決め、資金を集め、人や機材や撮影場所を用意する。そしてなにより、あなたのアイデアを磨き、物語を作らなくてはならない。映画の成功の8割はこの段階で決まっていると言っても過言ではない。良いスタートを切ろう。

TAKE

01

どんな映画を作りたいのか？
まずはアウトプット！

1

面白い映画にするコツ

コツⒶ

企画書は実現への第一歩

● 1枚にまとめよう

企画とは、どんな映画をどのように作ろうとしているのかを表現したもの。相手がさっと目を通せるよう、A4用紙1枚にまとめよう。

● ワクワクが物差し

企画書を読む人がどんなメリットを得られるかを考えよう。迷ったら、あなたがワクワクするかどうかを物差しにすれば良い。

● ターゲットを意識する

概要部分は、どんな人に観てもらい、喜んでもらうのかを意識して簡潔に。**イメージ画像**があれば0.5秒で内容が伝わる。「あらすじ」は右ページの**ログライン**参照。

● 分かる範囲で良い

「制作体制」は、スタッフ、キャスト、ロケ地や協力団体、予算、撮影期間など。「完成・公開」は公開時期、公開方法（ネット配信・XX社配給・劇場公開）など、分かる範囲で。

2020年1月「**外へ出る（仮題）**」企画書

企画概要	短編映画
あらすじ	ゴミを出した主婦が、家に帰りたくなくなり、そのまま電車に乗り、知らない街で男と出会い、本当の愛に気づく。
企画意図	役者自身の個性を活かした作品を作る。
制作体制	制作・監督：衣笠竜屯　スタッフ：若干名 撮影期間：2020年1月～2月の数日間
上映時間	10~20分（短編）
完成・公開	2020年春頃　ミニシアターでプレミア公開予定
フォーマット	16:9ワイド Full HD24p ブルーレイディスク
キャスト	主婦／男／街の人々／夫
連絡先	衣笠竜屯　TEL xxx-xxxx-xxxx Mail xxxx@xxxx

● 連絡先は必須

どこで誰が手に取っても連絡が来るように。

● 状況により情報追加

キャスト募集するならオーディション内容など、企画書の提出先によって必要な情報を追加する。

➕ more!

悩んだら好きな映画をヒントに創造しよう！『或る夜の出来事』が『ローマの休日』に、そして『ルパン三世 カリオストロの城』に影響していったように。

POINT まず企画書にすることで、あなたの考えている映画を明確にしよう。他の人に伝えるとき、一言で説明できるようにすること。迷ったら、ワクワクするかどうかが物差しになる。

コツ❻
一言で伝える「タグライン」と「ログライン」を作る

● だらだら説明しない

例えば、映画会社でエレベーターに乗って、たまたま重役と乗り合わせたらチャンス！残り数十秒でこの映画の魅力を伝えられるか？　有名な「**エレベーターピッチ伝説**」に、あなたの企画は耐えられる？

● さまざまな映画の例

	『パルプフィクション』	『天空の城ラピュタ』	『街の灯』
ログライン	二人の殺し屋がハンバーガーショップで強盗に遭うが、説得してやめさせる。	父が残した天空城の伝説を追う少年が、助けた少女が持つ飛行石に導かれて発見した古代の飛行城を、人類の支配欲から守る。	浮浪者が、盲目の少女に勘違いで恋をされる。彼は頑張って少女の手術費を工面して刑務所に。出所し老いた浮浪者を、少女は初めて見る。
タグライン	ハンバーガーショップで強盗発生！町のギャングたちの織り成す三文小説。	少年はある日、空から降って来た少女を助ける。彼女の持つ飛行石が天空の城ラピュタ伝説の秘密であることに気づき、二人の大冒険が始まった。	浮浪者が、盲目の少女に勘違いで恋をされる。彼は頑張って少女の理想の恋人を演じ続ける。さてこの恋の行方は？

➕ more!

● ログラインとは
どんな映画なのかを一文で示す表現。関係者向けなのでネタバレOK。「主人公が何をして、何が起こり、どうなったか」で考えると作りやすい。

● タグラインとは
映画の宣伝に用いるあらすじ。結末は言わず、主にログラインで示したストーリーの前半のみを使って、「さてどうなる？」と思わせて締めくくるとできる。

映画は、一つのメインストーリーとそれを補完する複数のサブストーリーの組み合わせからなる。重層的な解釈が可能で、ログラインも見方により一つとは限らない。

TAKE

02

面白い物語を作るには ラストから

コツ**Ⓐ**
物語とは世界の見方

台本なんて書けない！ボクには才能なんてないんだ！

●神話も世界の見方の一つ、人類共通の構造を持つ

「春に芽吹き、秋に実る」これを説明するのに、春の女神と実りの女神が一年ごとにやってくるイメージで描けば、妙に説得力がある。神話はこうして世界を物語る中から生まれてきた。なので、世界各地で**共通の構造**が見られるものが多い。あなたもまずは、細部より構造から入ろう。

あのね。お話を作るのは天才じゃなくても大丈夫。

今朝、母親は目玉焼きを2個食べた

と言うとき、あなたはすでに自分の世界観で理解したキャラクターの物語を作っている。お話は誰にでも作れる。あとはそれを面白くするだけ！

●映画は現代の神話！

映画は、古代の人にとっての神話と同じ役割をもつ。**神話のように世界を描写することが物語**と知っていれば、お話は作れる。あとはそれをどうやってドラマティックにするか。これから説明していく。

＋more!

物語の構造は、世界の民話や神話と似通っている点に気づいて研究され始めた。映画界では、オーソドックスな構造を大胆に解釈し新鮮に表現できる人材が求められる。

POINT 私たちが世界を説明しようとするとき、そこに物語が生まれる。それを面白くするには、ラストを先に決め、そこに向けて物語の中の時間を操作しながら組み立てていく。

コツB

2つの時間を利用して、観る人を魅了する

●映画にある2種類の時間
映画には2つの**時間**がある。この2つを利用して、観客を**迷わせる**。

①見ている人のリアルな時間
映画は時間順に観る。小説や漫画と違い、読み返しなどできない。隣の人もあなたもまったく同じペースで進む。

②映画の中で流れる時間
時間をとばしたりさかのぼったり自由に使える。

●映画の時間は自由自在
300万年を1/24秒で表現したり（『2001年宇宙の旅』）、物語の終わりから始まり、さかのぼって物語の始まりで終わったり（『メメント』）、さまざまな時間軸をモザイクのように組み合わせたり（『スローターハウス5』）、映画の中での時間軸は自由自在だ。

コツC

面白い話はラストから

●スタートから書かない
初めてシナリオを書こうとする人が陥るのが、ファーストシーンから書き出す大間違い。ラストシーンは書いていくうちにできるだろう……。そんなやり方じゃどんなオチにもいきつかない。

●ゴールを先に作る
面白い物語を作るには、ゴールであるラストをまず作り、逆算して入口を作る。そして、その間を観客にどう迷ってもらうかを考えてゆく。タネをしかけ、オチに向けてそれが魔術に見えるように慎重に組み立てる**手品師**のようなものだ。

＋more!

時間軸操作の典型例は、回想シーン。クライマックスからの時間遡行も多い。逆に米TV『24』は、リアル時間と物語時間をわざと一致させて新しい地平を拓こうとした。

TAKE 03 変化が物語 ゴールまでをじらして面白く

コツⓐ 物語は変化に宿る

● "かっこいい" だけでは物語にならない

英雄として勲章をもらう青年戦士、というのはイメージとしてはかっこいいけれど、それだけでは物語にならない。なぜなら変化がないから。

● 物語とは変化すること

主人公が最初の状態から最後の状態に**変化する**ところに、物語が生まれる。例えば、「田舎の少年」が「英雄として勲章をもらう青年戦士」になる（『スター・ウォーズ ep4』）など。

● 面白さは「じらし」

変化の過程をいかにじらすかが面白さ。田舎の少年が宇宙戦士になるまでに、何度もピンチに陥りながら敵と戦う。この過程自体が物語の面白さやドラマティック性を生み、最後の感動につながる。

● 変化する主人公は同一に

初心者によくあるのは、主人公が「貧乏な女」で始まったのに、「金持ちの男」という別の人で終わる類の間違い。怪獣でも人類でも宇宙人でもいいが、変化の前後で主人公は一致すること。

やっぱり進学あきらめよ…

からの…

➕ more!

赤ちゃんへの「いないいないばあ」も変化とじらし。顔が出るオチに向けた引き延ばしが、声の調子、指を開いてのちょい見せなどの楽しさを生む。映画の要素はこんなこと。

POINT 物語は「主人公の変化」、面白さは「その変化のゴールをじらすこと」。変化の過程を［Xa→Xb］と覚えて物語を作ろう。Xb になった原因を探ることで、面白い物語は簡単に作れる。

1
面白い映画にするコツ

コツ❸

［Xa→Xb］の衣笠（監修者）理論で物語を簡単に作る

● 主人公 X と変わる a,b

X は主人公。人でもカンフーするパンダでも異星の海でも、擬人化・キャラクター化できるなら何でもよい。**a と b は変わる前後の状態を意味する。**

● a-b は自分なりに対応させる

「a：うどんを喰う男」「b：命の儚さを知る男」としたら、うどんを喰うことは命の躍動を示している（『ブレードランナー』）。

● 最初に浮かんだイメージは物語の最後に！

今あなたが浮かべているイメージは物語の最初じゃない、最後だ！ そのイメージの今後を考えるのは難しいが、**なぜその状態になったのか**と考えるとお話が膨らんでいく。

X: 誰
ab: どんな

このうねりが面白さ！

STEP④
気に入るまで入れ替える
仮に決めた Xa と Xb の意味を深めて考えてみたり、入れ替えてみたりする。

STEP①
まず最後の Xb を考える
場面やイメージが浮かんだら、それを Xb（誰か・何かのある状態）と考える。

STEP②
次にXbの逆を考えてみる
X は変えないで b の真逆を考え、それを Xa とする。

STEP③
変わった理由を考える
Xa から Xb に変わった理由、またそれを阻むものは何かを考える。

⊕ more!

● a と b が同じ場合もあり

a と b が同じで終わる場合、観客は TAKE02 で説明した、「リアルな時間」を意識し、2 度目に観ているという現実を面白がる。虫プロダクションのアニメ『千夜一夜物語』では、貧しい水売りが大冒険を繰り広げ王にまでなるが、また貧しい水売りに戻ることを選ぶ。最初に戻ることで、主人公の本当に大切なものが見える構成だ。**一見して同じに見えるけれど、実はそういう変化を隠している**とも言える。

『バック・トゥ・ザ・フューチャー』は、最初と同じに戻ったと思わせて、一つずつ対応する場面を見せ、変化を際立たせている応用編。"変化した先に戻る"というタイトルに忠実。

TAKE 04

物語をどうじらせるか
古典的構成でアプローチ

コツⒶ

昔から伝わる構成を考えよう

●物語の骨格となる構成

物語の構成法には、数千年前から伝わる古典的な方法がある。これらは現代でも十分通用する。

●三幕構成も実は四幕

現在よく使われる「**三幕構成**」は、実は第二幕を前半後半に分けて（下図参照）、4つの部分を同じ長さにして考えることができる。「**序破急**」も同様だ。つまり「**起承転結**」を含め、**世界各地で生まれた物語構成法はどれも似通っている**のだ。

	三幕構成	起承転結	序破急
どんな方法	物語を長さにして 1:2:1 と、3 つの部分に分ける方法。 **第一幕：現状** **第二幕：変化** **第三幕：結果**	物語を 4 つに分ける方法。 起：現状 承：別の見方 転：それの転化 結：結果	物語を 3 つに分ける方法。 序：始まり 破：変化する 急：盛り上がって終わる
その特徴は？	現在、映画などでよく使われている考え方。古代ギリシア悲劇の三幕の舞台構成が元になっている。	4 コマ漫画が典型的だが、日本のマンガや脚本でよく使われている考え。4 行形式の漢詩の考え方が元になっている。	日本の古典芸能で使われてきた。元々は雅楽から、能の構成として応用されて、芸能や剣術・茶道にまで広がった。

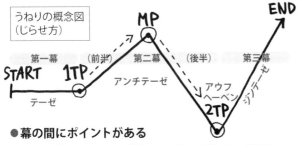

うねりの概念図
（じらせ方）

●幕の間にポイントがある

幕のつなぎ目に**ターニングポイント（TP）**があると考える。
第一幕と第二幕の間に**ファースト・ターニングポイント（1TP）**、
第二幕と第三幕の間に**セカンド・ターニングポイント（2TP）**、
さらに第二幕の真ん中にあるのが**ミッド・ポイント（MP）**だ。

⊕more!

三幕構成は、テーゼ（前提）→アンチテーゼ（テーゼの否定）→アウフヘーベン（テーゼとアンチテーゼの統合）→ジンテーゼ（統合世界）とする、弁証法的解釈も可能だ。

※参考文献『SAVE THE CAT の逆襲 書くことをあきらめないための脚本術』ブレイク・スナイダー 著 廣木明子 訳

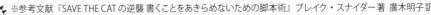

START | プリプロ | 撮影 | ポスプロ | 公開 | END
イマココ

POINT — 物語の始まりから終わりの構成には、昔から「序破急」などいろいろな考え方があるが、実はどれも似ている。この手法に基づいて物語を組み立てると、面白いじらしができる。

コツ⑧
構成をうねらせよう

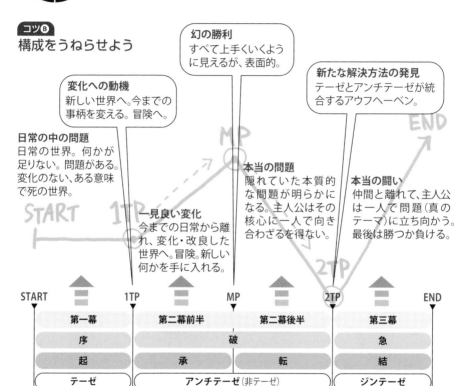

幻の勝利
すべて上手くいくように見えるが、表面的。

新たな解決方法の発見
テーゼとアンチテーゼが統合するアウフヘーベン。

変化への動機
新しい世界へ。今までの事柄を変える。冒険へ。

日常の中の問題
日常の世界。何かが足りない。問題がある。変化のない、ある意味で死の世界。

一見良い変化
今までの日常から離れ、変化・改良した世界へ。冒険。新しい何かを手に入れる。

本当の問題
隠れていた本質的な問題が明らかになる。主人公はその核心に一人で向き合わざるを得ない。

本当の闘い
仲間と離れて、主人公は一人で問題（真のテーマ）に立ち向かう。最後は勝つか負ける。

START		1TP		MP		2TP		END
第一幕		第二幕前半		第二幕後半		第三幕	
序		破				急	
起		承		転		結	
テーゼ		アンチテーゼ（非テーゼ）				ジンテーゼ	

アウフヘーベン

●うねりをつけてじらす
それぞれのエピソードが単純につながっているだけでは、次を観たくならない。**「串団子」**と揶揄される失敗だ。それぞれのパートの位置づけ・機能をはっきりさせ、うねるような流れを作ろう。

●細かく分けて考える
4部に分かれたパートをさらに4分割し、全体で16にしてみる。それをさらに4分割すると、120分の映画ならそれぞれは1～2分の小さな部分になる。こうすると、**2時間映画も64の短く簡単なエピソードの組み合わせ**になる。

⊕ more!

悲劇の展開は単純に「最後に負ける」以外に、図で示したうねりの真逆、1TPですべり落ち、MPで最悪になり、少し希望がきざすが2TPでさらに落ちる、という形もある。

TAKE

05

面白さを作るために
分析法を身につけよう

1
面白い映画にするコツ

コツ🅐
映画を分析して自分のオリジナリティを育てる
（資料 TAKE 56）

●**映画を16分割する習慣を**
タイトルを除く物語部分を、時間に基づき単に 4×4 分割し、16 に分けてみよう。

┌─────────────────────┐
│ ●**分割点ではここに注目**
│ (1) 画面に誰が写っている？
│ (2) 場所はどこ？　昼 or 夜？
└─────────────────────┘

●**時間を割り出してメモに**
例えば全体が110分なら16で割ると、約7分。7分ごとに何があったかメモする。人物は○、場所は□で囲み、重要な事柄は線を引くと良い。そして分析する。

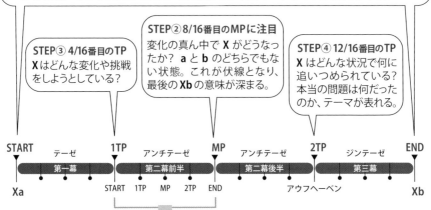

STEP① 最初と最後を分析
[**Xa→Xb**] に当てはめ、X＝主人公はどこにいてどんな状況か、**a** と **b** で何が変わったかを確認。そして **START** と **END** の比較から、映画の**ログライン**が見えてくる。

STEP② 8/16番目のMPに注目
変化の真ん中で X がどうなったか？　**a** と **b** のどちらでもない状態。これが伏線となり、最後の **Xb** の意味が深まる。

STEP③ 4/16番目のTP
X はどんな変化や挑戦をしようとしている？

STEP④ 12/16番目のTP
X はどんな状況で何に追いつめられている？　本当の問題は何だったのか、テーマが表れる。

START　テーゼ　1TP　アンチテーゼ　MP　アンチテーゼ　2TP　ジンテーゼ　END
第一幕　　第二幕前半　　第二幕後半　　第三幕
Xa　　START　1TP　MP　2TP　END　　アウフヘーベン　　Xb

●さらに細分化して分析

START～END の5つのポイントを見るだけでだいぶ解る。さらに4つのパートごとに、全体と同様に5つのポイントを分析しよう。幕ごとの [**Xa→Xb**] を知ることで、流れをより深く理解できる。
・第一幕：この映画の**テーゼ**から **X** がどうやって旅立ったか。
・第二幕前半：新しい挑戦、**アンチテーゼ**をどう味わったのか。
・第二幕後半：この挑戦の問題点。何があらわになってきたのか。
・第三幕：本当の闘い。**テーゼ**と**アンチテーゼ**をふまえての**ジンテーゼ**、本当の解決は何だったのか。

➕more!

ネット上に「映画分析シート」を置いているので利用してみよう。（詳細 TAKE56）時間を入れると、自動的に16分割した時間が表示される表計算を作る方法もある。

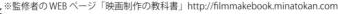
※監修者の WEB ページ「映画制作の教科書」http://filmmakebook.minatokan.com

1

面白い映画にするコツ

POINT

自分が面白いと思った映画を分析してみよう。時間をもとに映画を分割して分析することで、面白さを生む構成のコツが見えてくる。古典からは、忘れられた技法の中に革新を見つけることも！

コツ**B**
料理のように作り手の癖を見抜く

●料理方法の特徴は？

映画は、この複雑でとらえがたい生の世界を観客が認識しやすい形にまとめて提示するものだ。料理人が食材を調理して消化しやすく、おいしく感じさせるのと同じこと。では、他の作り手はどのような料理法の特徴を持っているのか。分析から見えてくる**変化とじらし**から、考えてみよう。

●映画技法は繰り返す

人は飽きる。実はこれが流行を生む。ある技法が古くなるのは劣ったからではく、みながそれに飽きたからだ。飽きられて忘れられた頃、新たな創造者がその技法を再発見、復活する。するとそれが新鮮に見え、また流行する。映画技法は、実はこういうサイクルが繰り返されている。

コツ**C**
古典の中にヒントあり

●忘れられた映画を観る

現在では陳腐に感じられる手法は、実は効果的だからこそ大量に流通してみんなが飽きたものだ。なので、忘れ去られたときに復活させるという方法がある。古典的な仕組みを新しく見せかける工夫はできないか。あえて今流行っているものではなく、受け取り手が観ていない古典映画を分析しよう。次に面白いと思われるものは、**今は忘れられた"面白さ"**から生まれる。

$$x_a \longrightarrow \!\!\!\!\!\! \sim \!\!\!\!\!\! \longrightarrow x_b$$

⊕ more!

ゴダールやルーカス、庵野秀明やタランティーノなど、革新的と言われた監督は実は映画オタクが多い。古典の忘れ去られた技法に通じていたので、新鮮と見られたのだ。

TAKE 06
シナリオに入る前に 物語の骨格をまとめよう

コツⒶ 「物語シート」に書きだす
（資料 TAKE57）

●まず書き始めること

物語は書かないと浮かんでこない。完成度は問わないし、どんな内容でもいい。文字に起こすことで、都合よく無視していた問題点や気づかなかった良さが見えてくる。

●決まったところから書く

重要で大きな区分けは左に、小分けした細かいものほど右に書くシートを利用する。まずいちばん左側、あなたの中で決まっているところから書いていこう。全部決まってから書き始める必要はない。

●分析にも使える便利な武器「物語シート」

主人公＝X と、その変化 [a → b]、大まかな経緯 [1TP、MP、2TP] さえ読めれば、現状のシナリオの問題や活かす方法が見えてくる。

●でっちあげでも十分

例えば、最後だけ書けたとすれば、その真逆の状態を想像して最初を書き込む。そしてMPでの変化がどのようなものか、でっちあげて書いてみる。すると変化への動機に関係してTP が埋まる。さらに、本当の問題が明らかになる2TP が書ける。気に入るまで何度でも書き直し、書き足す。そうしているうちに、何かしらの物語が出来上がってゆく。

物語シート　作品名：外へ出る　ジャンル：ドラマ　日付：

START▶	▶オープニング・イメージ	裕子、家にいる
	セットアップ	
第一幕・起 テーゼ	→テーマの提示	
	→きっかけ	ゴミを出す　近所の主婦たち　夫、あいさつもせず会社へ
	旅立ちへのためらい	家の前でためらう
1TP▶	▶第1ターニングポイント	電車で出かけた裕子〜知らない街で降りる
第二幕前半・承 アンチ	お楽しみ	出会う 海岸、順、裕子の写真を撮る
	サブプロット	順のカフェ、写真を撮られる
	お楽しみ	ヌードを撮られる
MP▶ テーゼ	▶ミッド・ポイント	順を撮ろうとして嫌がられる
第二幕後半・転	忍び寄る不安	
アウフヘーベン	全てを失って（ミッドポイントの逆）	カフェでカメラを見つめる裕子
	心の暗闇	
2TP▶	▶第2ターニングポイント	
第三幕・結 ジンテーゼ	フィナーレ（最後の戦い）	順の写真を撮るが嫌がられたまま　裕子、帰る決心
	危機	駅、2人の別れ、順からのプレゼント　電車の中、プレゼントは小さなカメラ
	最後の力と結末	家の前、入るのにためらう裕子
END▶	▶ファイナルイメージ	

✛more!

紹介のシートは、『SAVE THE CAT の法則 本当に売れる脚本術』ブレイク・スナイダー著 菊池淳子訳を参考に、監修者が改良を加えつつ、現場で10年近く使い続けているもの。

POINT　シナリオに入る前に、物語の骨格を整えよう。そのためには、まず書き始めることだ。「物語シート」「起承転結ブロック用紙」を利用して、決まったところからどんどん書き進めよう。

コツ❻ 「起承転結ブロック用紙」で組み立てる
（資料 TAKE58）

● 物語を整える武器は「起承転結ブロック用紙」
主人公の変化が見えたら、**起承転結**の流れをつけ、最初から最後まで整えよう。シナリオを書く前に各エピソードを検討する、いわゆる箱書きの一種と言える。

● 骨格の4コマから始める
物語全体を**起承転結**の4パートに分け、最初の4段に「**誰に何が起こるか**」を簡単に書く。仮にそれぞれのコマのエピソードを1〜3分（シナリオなら1〜3枚）で映像にできるなら、これで10分程度の短編映画になる。

● さらに分割して長編へ
次に、骨格の**起承転結**のそれぞれをさらに**起承転結**に小分けする。例えば小分けの「**結**」は、骨格である「**起**」の結果自体なのだ。そこに向けて小分けの「**承転**」を書けるはずだ。最終的に16コマできれば、1コマ1〜3分として、10〜50分程度の**中編映画**の物語ができる。同様に3階層目を4分割して64コマを作れば、**長編映画**になる。

ブロック用紙はできた？
できた　　　　できない
↓　　　　　　↓
TAKE07
シナリオ書きに
進もう！
TAKE08〜11
アイデア発想法
を参考にしよう！

起承転結ブロック用紙	起 第一幕 テーマ=	承 第二幕前半 アンチテーゼ= (写真を撮らない)	転 第二幕後半 アンチテーゼ= 確	結 第三幕 シナリオテーゼ= 迫
起	裕子 家出する	裕子 「順を見送る」	裕子 順を撮ろうとするが、撮影される	裕子 順、 別れ
	(誰かと見てない？い?)	(写真を撮らない)		家へ
承	朝ゴミを出し。木、撮影で会社へ。ゴミ捨て(捨てる場所を)前、絡む…何人	ビデオカメラを買う 家	様子を撮りたがる	様がくずれて 順の写真を撮る
			順を撮りたがる	
	ゴミ捨て場の	様がくずれる		2人 別れ
転	彼の街で(ゴミから)	順と出会う	順に写真を撮られる	窓からのプレゼント…愛に入るのと ハンカチカラー
	電車の中	クールを撮りたい どうでも…	ハンカチカラー	サイフ… 入れて-ちゃいけ？ 順、つ裕子
結		クールを撮ちゃる	順に写真を撮られる	家へ

⊕ more!
コマを埋めるのに悩んだら、最後のコマ（結）をまず書き、次にそれを逆にして最初のコマ（起）を書こう。そうすれば途中のコマ（承転）は自然と思い浮かぶ。

TAKE 07

シナリオの鉄則
カメラに映ることだけ書く

1 面白い映画にするコツ

コツ Ⓐ

シナリオは映画の設計図

● 表紙にタイトルと作者名を

↓日本でよく使われる縦書きのシナリオ（表紙）。

「外へ出る」第3稿（撮影稿）

脚本…衣笠竜屯

作者名
（連名の場合も）

修正するたびに
番号を上げる

どの段階のシナリオなのか
・準備稿…試作段階
・完成稿…シナリオ完成
・撮影稿…これで撮影
・編集稿…編集時に（稀）

↓英語圏でよく使われる横書きのシナリオ。

| 3 | 家外の道、玄関前、朝 | 3 |

家の前に戻ってくる裕子。
ふと玄関の門に目をやる。
立ち尽くして、家を見ている。

裕子
「さて、どうしよう」

| 4 | 電車の中、朝 | 4 |

人のいない電車に座っている裕子。

● 型にはまらなくて良い

シナリオに定型はない。要は伝えやすく現場で使いやすいものが大前提。どこで（**柱**）、誰が何をして（**ト書き**）、何を言う（**セリフ**）、がはっきりしていれば良い。

● 映ることだけを書く

小説と違い、**カメラに記録できないものは書かない**。心理は書かずに、映像や音で描写するのが大前提。シナリオを読んで映像を想像できるようになるには、ある程度の経験がいる。

⊕ more!

必要に応じて表紙の後に狙いやあらすじ、役名・役者名、主要スタッフの一覧などを記載する。その後、シーン1の柱のあるページを1ページ目とすると数えやすい。

POINT シナリオは撮影・編集のための設計図なので、カメラに映ること以外は書かない。感情を説明せず、情景から伝わるように映像や流れを設計する。シーンは場所・時間ごとに区切る。

コツ❽

シナリオの構成は、「柱・ト書き・セリフ」の三要素で成り立つ

●柱はシーンごとに入れる

・シーンナンバー
1から順にふる。改定などでなくなったシーンは欠番に。増えたら番号の後に **4A** のように **A〜X** などをつける。

・場所
「〇〇家、リビング（内）」「〇〇家、前の道（外）」など、内か外かを記載。スタジオかロケか分かるように。

・時間
昼か夜か。朝や夕暮れ、時間指定など。

●役名は省略で
上か下の名だけで良い。

●セリフは簡素に
喋り言葉は、案外意味が伝わらない。セリフは簡単にしておき、状況や声の調子や動作などで補う。

●ト書きは説明
人物たちの行動や出来事など。初登場の人物は、**浜田 裕子（37・女）** のようにフルネームと年齢・性別を書く。

（シナリオ本文）

```
4
電車の中、朝

人のいない電車に座っている裕子。

裕子「さて、どうしよう」

3
家外の道、玄関前、朝

家の前に戻ってくる裕子。
ふと玄関の門に目をやる。
立ち尽くして、家を見ている。
```

― 3 ―

●シーンごとに区切って書く
映画の**シークエンス**（話のまとまり）は、いくつかの**エピソード**（小さな話）から成り立っている。それぞれのエピソードはいくつもの**シーン**（場所と時間で区切られた場面）から組み立てられており、シーンは多くの**カット**（一連なりの映像）が集まって作られている。

●セリフは3行飛ばしで
セリフは現実の会話よりも整理され、聞きやすくするものだ。なので、初心者は会話を書いたあと、**3行程度飛ばして削る**を繰り返すと、意味が通じて分かりやすくなることが多い。だまされたと思ってやってみよう。

✚ more!
予算が少ない場合、シナリオを1枚に4ページ分で印刷するなどの工夫もできる。なお、シナリオ形式で編集できるソフトは、O'sEditorなど。Wordでも可能だ。

TAKE 08 アイデア発想法①
仲間とブレインストーミング

コツⒶ
仲間とアイデアを出し合う

●**ブレインストーミング会議法**

二人以上が集まったときにアイデアを出すための方法が、**ブレインストーミング**だ。最初に議題（現状と何を解決するのか）を参加者間で共有して進める。例えば、映画の企画を丸ごと作るなら、分かっている制作条件などは最初に共有。その上で、みんなでアイデアを出してゆく。

RULE①なんでも言う
どんなバカバカしいアイデアも言ってみる。

RULE②ほめる
どんなアイデアも否定せずに、ほめる。

万引きしたい

いいねぇ！主人公がコンビニで万引きもする

ブレストのルール

その悪の組織に加担するフリをして実は、警察官で、手柄を立てる！

万引きをした店が悪の組織だったとか？

RULE④否定しない
否定したくなったら、発展させたらどうなるか考えてみる。

RULE③発展させる
ほかの人のアイデアに乗ってさらに発展させる。

●**映画作りに待ち受ける困難は宝物**

映画作りには、さまざまな種類の複雑な問題が起こるものだ。シナリオ段階ではクリエーターの内側からくる問題、撮影時には外側からくる問題、仕上げ時には両方からの問題と、段階に応じた困難があなたを見舞う。企画や上映時にも問題が起こる。しかし、**困難は宝物**だ。仲間を信じ、乗り越えてゆくことによって、素晴らしい何かに出会えるのだ。

＋more!

アイデアや問題の解決方法を探すコツに共通するのは、自分でもバカバカしいと思うことを出して検討してみることだ。無意識に避けていることにこそ、解決法が隠れている。

面白い映画にするコツ 1

POINT　さまざまな課題を解決するときに使えるアイデア発想法のひとつが、「ブレインストーミング」。場が肯定的になり、発想が広がる。ルールを守ることで、仲間と一緒に楽しく取り組もう。

コツ❺
ファシリテーターは良い雰囲気を作る

●「脳の嵐」を巻き起こす
会議を進行する人を、**ファシリテーター**と言う。その場のクリエイティビティをより高める役割だ。

STEP① 反応する
他の人のアイデアに対しポジティブに反応する。基本笑顔で。場が温まっていない最初は、特にたくさん反応する。

おお、すごい！なるほどっっ面白い！！

STEP② 深める
ほかの人のアイデアを深める質問をする。

それはどういうこと？
もう少し詳しく
もしかしてこういうこと？

主人公 万引きしたい → コンビニ → 街の組織 → 手柄　実は警察官

STEP③書きとめる
出ているアイデアのメモを取る。このとき、マインドマップ（TAKE09 参照）で書くとまとめやすい。

今までのアイデアをまとめてみると…

STEP④ときどきまとめる
まとめた内容をときどきみんなに伝える。

●あなたは嵐の中の船長だ
ファシリテーターのあなたが怒ったり、拒否してしまえば、パニックが広がり船が沈没する。荒れ狂う嵐の中でこそ、にっこり笑い、落ち着いて、相手の言葉に耳を傾け、相手を褒めよう。そうすれば乗り越えられる。

➕more!

アイデアにつまって手がかりが欲しくなったら、「逆はなんだろう」と考えてみよう。逆から見ることで、対象となる課題の意味が深く理解できて、解決の助けになる。

09

アイデア発想法②
一人でもできるマインドマップ

コツⒶ
自分の脳内で会話する

●図式化で自分と対話

アイデアというのは、会話や対話から生まれるものだ。一人のときはどうするのか。マインドマップはそんなときに利用できる、自分の無意識と会話する方法だ。

●用意するのは紙とペンだけ

・紙やノート…大きめの白紙や薄い方眼。
・ペンや鉛筆…色ペンや色鉛筆などもあると楽しい。

STEP②枝を伸ばす
真ん中の言葉から枝を伸ばして、思いついたことを単語で書く。

STEP①中央から出発
まず真ん中にテーマや出発点を書く。

STEP③さらに接ぎ木
ほかに思いつくことはないか？枝の先にまた接ぎ木をして書く。

STEP⑤色やイラストを使う
止まったら、枝や言葉に色をつけてみたり、イラストを描いて、イメージを膨らまそう。

STEP④
できるだけ早く書く
5〜10分くらいで仕上げる勢いで書く。

（マインドマップ図：恋人・友人・外・太陽・山・海・主婦・主夫・学生・ひとりこもる・ニート・社会人・内・外に出る話・街の外・車・列車・船）

●無意識にアクセス

早く描こうとすることで、気づかぬうちに無意識にアクセスしやすくなっていく。数分で仕上げるつもりで、アイデアがどんどん湧き出すフロー状態に入ろう。

●約10分で話ができる

まず中央に「**外に出る話**」と書き、「**内**」と「**外**」に分ける。それぞれの世界とそれをつなぐ手段などを描くと、「**主婦がある日突然電車に乗り、見知らぬ海の街で男に出会う**」という話になった。これに至るまで約10分程度。

＋more!

手を止めないことが大切。描くのに詰まったら、とりあえずどこかから枝を伸ばそう。何でもいいので、そこに何かをでっちあげる。そこから新しい枝が伸びていくことも。

POINT　自分一人でできる発想法に「マインドマップ」がある。考えていることを文章ではなく、地図のように描く。思っても見なかった全体像が見えて、自分との対話から新しい発想が生まれる。

コツ❽
ルールはただ一つ！ 楽しむこと

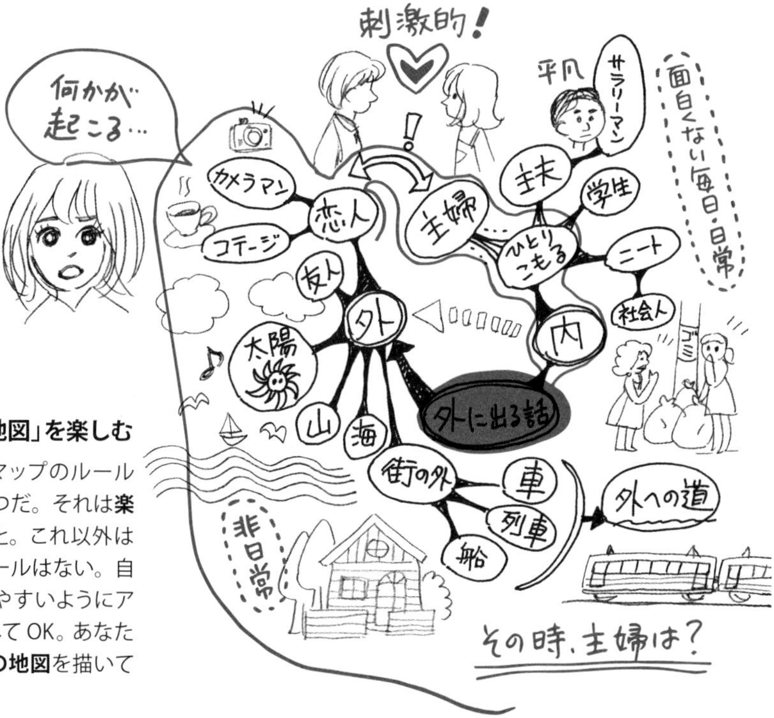

●「心の地図」を楽しむ

マインドマップのルールはただ一つだ。それは**楽しむ！** こと。これ以外は絶対のルールはない。自分で描きやすいようにアレンジをして OK。あなたなりの**心の地図**を描いてみよう。

● 身体感覚を活かして描く

マインドマップを描く PC ソフトやアプリなどもある。しかし慣れてくるまでは、手でペンを握る感触や線を引いたり色をつける感じを味わうつもりでやっていくと、いわゆる「**フロー状態**」などのアイデアが出やすい状態になりやすい。もしも行き詰まっても、色を塗るなど手を動かし続けることで脳の活性を保とう。

➕ more!

マインドマップは、打ち合わせ内容をメモするときにも使える。箇条書きよりも、各情報の関係や重要性が一目瞭然。抜け落ちている視点が見えてきたりする。

TAKE ⑩ アイデア発想法③ 占いを利用して物語を作る

コツ Ⓐ
タロットでカードリーディングを学ぶ

● アイデアの泉にアクセス

ふだん意識できない深層心理には宝物がたくさん埋まっている。これらを引き出す**カード技法**の根源となっているのが、占いで使用されている**タロットカード**だ。タロットの原理を知ることで、アイデアの発想に応用の幅が広がる。

● タロットは図柄が魅力

タロットカードは、**運命的な事柄を示す大アルカナ22枚**と、**詳細を示す小アルカナ56枚**の、計78枚で構成される。小アルカナは**杖/聖杯/剣/金貨**の4種類のスート（各14枚/1〜10の**数札**と、**ペイジ・ナイト・クイーン・キングの人物札**）からなる。

● リーディングはひらめき

カードをシャッフルした後、スプレッド（レイアウト法）を展開し、各ポジションに出た図柄の意味を読み取り、つなげるのが基本。カードの意味にとらわれ過ぎず、ストーリーを作る過程でひらめきを駆使してアイデアを生み出し、最後までなんとか組み立てることが大切だ。

● 代表的な「ケルト十字スプレッド」はこれだ!

心理的な流れをつかみながら、結果につなげる、総合的な要素を含んだスプレッド。

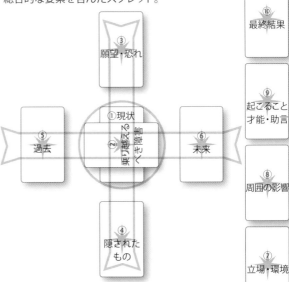

③ 願望・恐れ
① 現状
② 乗り越えるべき障害
⑤ 過去
⑥ 未来
④ 隠されたもの
⑩ 最終結果
⑨ 起こること 才能・助言
⑧ 周囲の影響
⑦ 立場・環境

● "無意識"を読み取る

タロット占いの本質は、図柄を読み解く**リーディング**だ。あなたの中には気づかないたくさんのアイデアがすでにある。カードリーディングはそれを引き出す手法であり、物語作りの強力な助っ人になる。

⊕ more!

タロットカードは、市販のものが各種ある。最初はリーディングのコツを教えてくれる解説本とセットで揃えるのが良い。代表的な解説本に、吉田ルナのタロットシリーズなど。

※参考文献…『4大デッキで紐解くタロットリーディング事典 78枚のカードのすべてがわかる』吉田ルナ,片岡れいこ 著

POINT 自分の無意識を掘り起こすことで、多くのユニークなアイデアを生むことができる。そのための手法としてカードリーディング技法がある。物語作りを学ぶのに効果的な教材が「タロットカード」だ。

コツ®

少ない枚数で大きな運勢の流れをつかむスリーカードスプレッド

●大アルカナのみで大枠を

ここでは3枚で物語の骨組みを作る実践例を紹介しよう。

STEP①占うテーマを決める
例えば「キャラクターの展開」

STEP②カードをシャッフル
心をフラットにして混ぜる。

STEP③展開する
3枚引いてレイアウト。逆位置のカードは、意味を弱めたりネガティブに読んでも良い(①[IV皇帝/逆]なら、権威→孤独)。

STEP④リーディング
図柄から意味を引き出そう。難しければ解説書を参考に。
①**過去**…何かの試練にあう（頭が良すぎたせい?）。
②**現在**…堅実ではない自堕落でいい加減な生活。
③**未来**…何かの喪失、からの復活（明晰さを謙虚に使う）。

①過去　②現在　③未来
[IV皇帝/逆]　[0愚者]　[XX審判]

STEP⑤物語に発展させる

主人公 X を、例えば刑事という普通のアイデアから肉づけする。パン屋や魔法使いでも、物語は自由に作れるはずだ。
↓

例：傲慢な刑事の裕也は、ある犯人を挙げるが、犯人が偽の証拠で無罪になり、プライドゆえに辞職する。場末で探偵をする裕也、それなりに楽しいが何かが欠けている日々。ある日犯人が復讐に現れ、裕也の恋人を殺害。裕也は犯人と対決し、追い詰める。殺したい思いを抑えて警察に引き渡す。自分の能力を亡き恋人が喜ぶ使い方で発揮しようと、名探偵が誕生する。

0 愚　者 ＝ 夢想・愚行・自由	XI 正　義 ＝ 公正・秩序・判断
I 魔術師 ＝ 創造・手腕・外交	XII 吊られ人 ＝ 試練・奉仕・直観
II 女教皇 ＝ 潔癖・神秘・英知	XIII 死　神 ＝ 終末・変容・再生
III 女　帝 ＝ 豊穣・母性・繁栄	XIV 節　制 ＝ 浄化・中庸・自然
IV 皇　帝 ＝ 権威・父性・堅固	XV 悪　魔 ＝ 執着・欲望・堕落
V 法　王 ＝ 伝導・儀式・結束	XVI 塔　　 ＝ 破壊・災難・転落
VI 恋人達 ＝ 選択・愛美・若さ	XVII 星　　 ＝ 希望・理想・閃き
VII 戦　車 ＝ 前進・挑戦・勝利	XVIII 月　　 ＝ 不安・迷い・霊感
VIII 力　　 ＝ 勇気・意識・克服	XIX 太　陽 ＝ 成功・生命・大胆
IX 隠　者 ＝ 真理・深淵・探求	XX 審　判 ＝ 復活・判決・覚悟
X 運命の輪 ＝ 幸運・転機・因果	XXI 世　界 ＝ 完成・統合・円満

 +more!

左はカードのキーワード表だが、単語より図柄からの方が、ひらめきを得て想像が膨らみやすい。慣れてきたら人物札を使い、登場人物の人格を設定したりできる。

※吉田ルナ, 片岡れいこオリジナル『ラブアンドライトタロット』を使用しています。http://a-nicola.shop-pro.jp

TAKE 11

アイデア発想法④ カード技法を活用しよう

コツⒶ

KJ 法で断片からアイデアを生む

●分類から発見へ

KJ法は『発想法 - 創造性開発のために』川喜田二郎 著 で発表された方法で、もともとはフィールドワークで得たデータを分類する方法だ。

[準備]
・情報カード（付箋紙）
・大きな紙やホワイトボード

[やり方]
STEP①テーマを決める
主人公・裕也のキャラクターを深める。

STEP②カード作成
カード1枚にひとつずつ、思いつく要素を書いて増やす。

STEP③グループ編成
すべてのカードを広げて眺め、関連しそうなデータをグループ化し、タイトルをつける。思いついたらカードを追加。他の関連する要素が増えてもOK。

STEP④図解化
それぞれのカードやグループの関連性を、線や矢印で結んで図示する。

STEP⑤叙述化
できあがった関連図を文章にすると、上手くまとまる。

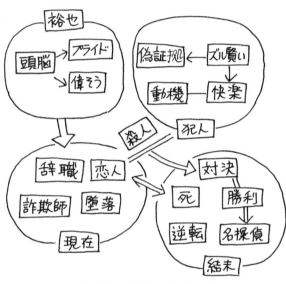

※どうしても分類できないカードは、一匹狼として孤立させてOK。

● 占いはアイデアの宝庫

易占いの「易経」も、イメージを広げるツールとして使える。また、ランダムに開いたページをメッセージとして使える本もある（『幸せに導くタロットぬり絵 神秘と癒しのアートワーク』吉田ルナ, 片岡れいこ 著）

➕more!

カードとカードの関係が見えない場合は、むしろチャンス。無理やりこじつけることが、ビッグアイデアにつながる。KJ法でも先に線を引いて、後で意味をこじつけてみよう。

POINT カードリーディングには多くの種類があるが、タロットを知っていれば、応用したり、オリジナルにも発展できる。要点は、ランダムに表れる単語や絵を並べ、その意味と関連を無理やり見つけ出すことだ。

コツ**B**

プロットカードで物語を作る

●物語に特化したカード

プロットカードは、『物語の体操〜みるみる小説が書ける6つのレッスン』大塚英志 著で発表された方法だ。

[準備]

24枚のカードに、次の単語をひとつずつ書き入れる。

｜知恵｜生命｜信頼｜勇気｜
｜慈愛｜秩序｜至誠｜創造｜
｜厳格｜治癒｜理性｜節度｜
｜調和｜結合｜庇護｜清楚｜
｜善良｜解放｜変化｜幸運｜
｜意思｜誓約｜寛容｜公式｜

④
援助者

③
主人公の
過去

①
主人公の
近い現在

②
主人公の
近い未来

⑥
結末
（目的）

⑤
敵対者

[やり方]

STEP①テーマを決める
STEP②カードをシャッフル
STEP③展開する
カードを引いて①から⑥の順番に並べる。逆位置も有効に使う（例：知恵→知識不足）。

STEP④リーディング
「④援助者」は主人公の味方、「⑤敵対者」は主人公の敵。人物とは限らない。できるだけ単語の意味を広く考えてみよう。類語辞典なども役に立つ。

STEP⑤内容をメモする
読み取った内容を、誰かに話すつもりでメモする（TAKE09の**マインドマップ**を描くと良い）と、うまく発展する。

●秘伝の竜屯（監修者）カード技法がこれだ！

[準備] 辞書や雑誌からランダムに単語を選び（目を閉じて本を開き指さす）、名刺サイズの紙30枚程度に書く。
[やり方]
①テーマを決める（ストーリー、キャラクター、設定など）。
②カードを裏返してシャッフルする。
③タロットやプロットカードのスプレッドを選んで、展開する。
④カードのつながりを見つけて、意味をひねり出したり、誰かに話したり、メモを書いて、話を発展させていく。

＋more!

左の技法は、短時間で大量の物語を作るゲーム制作のときに編み出した方法。2回目以降は使いにくいカードを外し、新たに追加し、セット（デッキ）を進化させてゆく。

TAKE

12

あなたと観客と登場人物
深い思いの共有が感動を生む

1

面白い映画にするコツ

コツⒶ
感動は登場人物と観客の共感から生まれる

●魔法の瞬間が起こる
映画を観たときに「私のために作ってくれた！」と感じたことはないだろうか。そのとき観客としてのあなたは、登場人物（キャラクター）と一体化し、作り手の思いを共有しているのだ。作り手とキャラクターと観客が結びつく、これが映画の**魔法の瞬間**だ。

●魔法の瞬間を作るのは前振り
キャラクターの行動は、映画内の他の登場人物からは不審がられているかもしれない。しかし、作り手とキャラクターと観客は分かり合っている。それは映画におけるそれまでの過程で、その感情を共有できるように前振りがされてきたからだ。

●魔法を生み出す瞬間は「何も伝えない」
魔法の瞬間に言葉はいらない。感動の頂点では、何も伝えない方が効果的。「**実際に見た**」のと、「**見たように思う**」のは違う。シナリオも演技も構図も音楽も**空**（から）にしてみてはどうだろう。かわりにその瞬間が来るまで、観客が想像できるよう誘導し前振りし続けるのだ。そう思わせるだけの方が感動は深い。

+more!

自分の思いを演説して相手に押しつけるのは逆効果だ。それは映像でも同じ。説明するのではなく、観客が一体化するためには、観客自身が発見することが大切だ。

POINT

あなたと観客と登場人物が一体となって生まれる、「感動」という映画の魔法の瞬間。そのためには、説明を省き、観客の想像にゆだねることが大切だ。本質を読み取り、焦点をあてる努力をしよう。

コツ❸

省略は最高の武器になる

●省略は想像をかき立てる

映画は省略できる。「**女が席を立つ→女が男の部屋で話している**」だけで、女が男を訪問したことは分かる。移動の間の出来事は想像に任せればいい。省略することで、訪問そのものが重要だと観客は受け取る。もし女が訪問するまでのためらいが重要なら、省略部分を変え、「**名刺を見てためらう女**」などを見せる。

●観客の想像にゆだねる

あなたの常識がブレーキをかけて、書けなくなることもある。そんなときは、いったん主人公から離れて客観的に見直そう。変化の前後だけ描く省略のテクニックで、観客の想像に任せた方が、案外良いかもしれない。

●「分からない」なら削る

シナリオや編集や試写のとき「**分からない**」と言われることがある。だからといって、説明のための情報を追加するのはやめよう。分からなさの原因は、必要のない情報で、重要なポイントが印象に残らなくなっていることがほとんどだ。整理して物語に不必要な情報を省略することで、ぐっと分かりやすくなる。

+ more!

ダメ出しを受けたときは、メモを片手に耳を傾けよう。ただし、本質を理解するまでは安易に修正しないこと。本質が理解できればさらに簡単で効果の高い修正方法が出てくる。

TAKE

⑬ どのくらいかかる？ 制作に欠かせないお金と時間

1

面白い映画にするコツ

コツ Ⓐ

予算の要点は多寡ではなく、どこまで細部を把握できているか

●予算は費目が重要

同じシナリオでも、友人たちとスマホで撮影・編集するのならほとんどお金はかからないが、スタッフ・キャストを雇って機材を借りてとなると結構な金額になる。重要なのは金額の多寡ではなく、どんな費目に力を入れ、どこを削るかというバランスだ。予算も**演出**なのだ。

●どんぶり勘定は避ける

小規模映画を想定した場合に直接かかる予算項目は、右の表で示した通り。仲間だからと安易に食費・交通費ぐらい出すと決めず、きちんと**日数×人数**で計算しておこう。撮影後半になってお金が足りなくなることは多い。

機材費	レンタルか購入か、もしくは誰かの持ち物か。お礼の額も決めておく。カメラ、三脚、照明機材（ライトとスタンド、レフ版）、録音機材など。
ポストプロダクション	編集用 PC、ドライブ、編集用ソフト、録音機材、音響編集用ソフト、配布用ディスクなど。
美術費	大道具、小道具、衣装など。レンタルか購入か、もしくは誰かの持ち物か。
人件費	スタッフ・キャストのギャランティ（無償の人も）。食費・交通費も計算する
ロケ地の費用	撮影場所のレンタル料。公園なども管理団体に確認する。知人の私有地でもお礼は確認。
その他	飲料や甘味など。絆創膏や虫よけスプレー、養生テープやガムテープ、軍手、黒画用紙などの消耗品。シナリオ・香盤表の印刷費など。

●誰が負担するか、あらかじめ明確に

個人のポケットマネーなのか、関係者で出し合うのか、スポンサーやクラウドファンディングなどで出資を募るのか、企画コンペなどでの補助金を充てるのか。回収方法や黒字の場合の配分なども決めておいた方が、トラブルにならない。

✛ more!

収入を得る方法も考えよう。お披露目の上映会をするなら、関係者の友人知人は来てくれる。都合の良い時間でキチンとした劇場なら、入場料は喜んで払ってくれるだろう。

イマココ

POINT お金と時間。映画を完成させるのに欠かせない2大要素だ。お金については、金額の多寡より費目を分けて把握することが重要。時間についてはスケジュールを立て、締切を決めて進めること。

コツ❽
締切を決めることが映画を完成に導く

●締切を決めると動き出す

映画を制作するにあたっては、スケジュール作成が必要だ。締切を決めることで、「いつか」ではなく具体的な目標に向けて動き始める。締切を設定しないと、最悪、途中での制作中止も起こりえる。

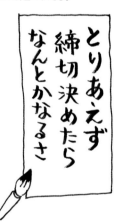

●映画の主な過程は4段階

それぞれの段階ごとに開始日と終了日を設定しよう。遅れたらすぐチーム全体に報告。

STEP①プリプロダクション
シナリオ執筆と撮影準備。

STEP②撮影
スタッフ・キャストの予定調整が必要。

STEP③ポストプロダクション
仕上げ。編集・音関係など。

完成

STEP④公開
完成した映画を届ける。

見るの　作るの
1分<1日

●映画の1分は最低1日

仮に10分5シーン程度の映画を初めて作るとして、かかる時間は以下が目安だ。

・シナリオに1週間〜2カ月
・撮影準備に1〜2週間
・撮影は3〜5日ぐらい
・ポスプロに1〜2カ月

1分間の映像と音を作るのに、最低丸1日以上はかかると考えておこう。

●おしりから決めるのが良い

お薦めのスケジュール方法は、完成お披露目上映会や関係者試写会の日をまず決めて、そこから逆算する方法だ。公開までの制作過程を、**プリプロダクション - 撮影 - ポストプロダクション**と分け、それぞれの開始日と終了日を決める。

開始日？
逆算
完成試写会

➕more!

不思議なことに、締切があった方が品質が上がることが多い。制作の管理者は、各担当スタッフにはっきりと締切を示し、遅れそうならすぐ次善の策を練ろう。

TAKE ⑭

撮影の準備は 3つの要素をリストチェック

面白い映画にするコツ

1

コツⒶ
撮影現場に最低限必要な3つのものを忘れるな

●不安は確認して鎮める

撮影日が迫ると、誰もが不安を感じる。そんなときは、このチェックリストを確認しよう。**出演者・撮影場所・カメラ** が揃っていれば、何とかなるから落ちついて。

③ カメラ

撮影するための機械。音も録るならマイク、照明を使うならライトや電源も。
□必要な機材が開始時間に現場に揃っているか？
□操作できる人がいるか？
▼なかった場合
・購入する。
・レンタルする。
・知人から借りる。
・所有者に撮影を頼む。

① 出演者

あなた自身でも俳優でもスタッフ兼任でも、とにかくカメラの前で演じる人のこと。
□演者・撮影される人は誰か？それらに抜かりはないか？
□場所と時間は連絡済みか？
□衣装・小道具などの算段は大丈夫か？
▼なかった場合
・ネット掲示板やSNSで公募。
・知人にあたる。
・各種の集まりに出て探す。
・他の映画に出ている役者の連絡先窓口にコンタクト。
・タレント名鑑や芸能事務所を利用。

② 撮影場所

私有地や公共の場所など。
□どこで撮影するのか？
□天候やイベントなどの確認。
□許可関係は大丈夫か？
□天候や諸問題で撮影できない場合、代替候補はあるか？
▼なかった場合
・ロケハン（ロケーションハンティング）で探す。
・地域のフィルムコミッションに尋ねる。
・ネット検索でロケ撮影可能場所やスタジオを探す（公的・私的施設の両方）。
・知人にあたる。
・SNSなどで聞いてみる。

➕ more!

撮影準備期間中や撮影時に何か問題が起こって撮影ができなくなっても、リストを確認しよう。抜けているところの対策さえ何とかすれば、撮影は続行できる。

POINT 人と場所と機材、この3つが現場にあれば撮影できる。撮影準備はこれらを揃えればいい。スタッフ間では SNS 等を利用して連絡網を築いておけば、いざというときにも安心だ。

コツ⑧

メンバーとの連絡網が現場を支える

● スタッフの連絡網を作る

映画制作が始まると、あなたはチームのメンバーに素早く連絡しなければならないことが多い。メーリングリストやSNS、仕事管理アプリなどでグループを作って、連絡手段を確保しておこう。

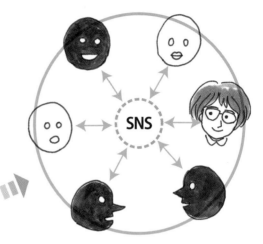

● 一人が中心を避ける

情報を共有できないと、担当者一人の負担が倍増する。

● WEB型情報共有でみんながつながり負担を減らす

インターネットを活用することで、情報を一斉に共有できたり、緊急連絡がスムーズに伝わり、対処の時間も短縮し、担当者の負担と時間が大幅に減ることになる。

● トラブルはつきものだと考えよう

・手違いでカメラがない！
・重要な登場人物がいない！
・衣装が違っていて前のシーンとつながらない！
・シーン途中で雨が降ってきた！
・近くでイベントがありノイズで録音できない！
・なぜか人に絡まれた！
・気づかずに私有地に入っていた！

撮影あるある

+ more!

仲間がいることの利点のひとつは、お互いに確認し合えること。一人で確認するのではなく、できるだけ多くの人が多くの目で確認すると、うっかりミスは減る。

TAKE ⑮ 現場を活性化させるのは聴く力と目的の共有

1 面白い映画にするコツ

コツⒶ
役割を把握して Win-Win の人材を探す

プロデューサー (P)	映画を完成させる人。主宰者であり制作のトップ。
監督	映画を面白くする人。演出を行うトップ。 助監督：演出部として監督の補佐、雑用もする。
脚本	シナリオを書く人。企画が先の場合は、プロデューサーや監督と打ち合わせしつつ書く。第一稿とその後の稿で違う人が書く場合も。
制作	進行を支える人。現場とデスクに分かれる。
撮影	映画の見た目（ルック）を決め、カメラを操作する人。撮影監督 (DOP)、カメラや三脚を操作するカメラオペレーター、ピントを操作するフォーカスマン、クレーンやレール移動の操作者、バッテリーやケーブルなどを扱う助手などだ。照明担当を「照明」として撮影部から分ける場合も。
録音	現場で音を収録する人。マイクの操作と録音機・ミキサーの操作に分かれることもある。
編集	映像を編集する人。色調や明るさなどを調整（カラーグレーディング）する担当者が分かれていることもある。
音響	編集時、現場での同時録音やその他の収録音、別に制作した効果音(SE)、BGM などを調整して仕上げたり、アフレコなどのスタジオ録音も行う。
音楽	BGMを制作する人。ダンスや歌のシーンなどは、事前の収録（プレスコ）をすることも。
役者	カメラの前で演じる人。キャラクターを最終的に創りあげることになる。
上映	上映や公開に関わる人。興行や上映・配信、宣伝や評論など。映画を観客にまで届ける、実はとても重要な役目をもつ。

● 人材探しは相思相愛で

求められる役割は多様。経験のために無償でやる人もいる。あなたの作品をImdb（インターネットムービーデータベース：映画関係者のデータベース）に登録するなら、世界的知名度を求めて協力してくれるかも。あなたが提供できるものと先方が欲しいもの。人材探しはそのマッチングだ。

● ネットや上映会を活用

人材探しは SNS やサイトが便利（シネマプランナーズなど）。求める技能と条件は明示した方が良い。また、舞台挨拶がある上映会や映画制作サークルなどに参加して、ふだんから人脈を広げておこう。

＋more!

監督付きの手伝いが助監督。ファースト（チーフ）は予定（香盤表）組みやとりまとめ、セカンドは現場の制作進行や役者の動きの段取り。サードはカチンコや呼び出しなど。

POINT 映画制作にはさまざまな役割が求められる。互いに Win-Win になる仲間を集めて、良い仕事ができるチームを組もう。現場力を高めるには、相手を理解し、提案し合える雰囲気が大切だ。

コツ❽
聴く力と提案型指示で良いチームを作る

● 役者にとって［悪い監督］　　［良い監督］

なぜそうするのか伝えないので役者は混乱する。　思いを伝え、意見を聞く。役者はやる気が出る。

● 撮影にとって［悪い監督］　　［良い監督］

なぜそうするのか伝えないので撮影は混乱する。　考えを提案する。撮影担当が力を発揮し始める。

● まず聴く、目的から伝える、優しい独裁者。

プロデューサーや監督が、聴く耳を持たない独裁者だと、本質が伝わらず、アイデアが生まれない。結果、表面的な作品になってしまう。指示だけをするのではなく、何を目指しているのかを伝え、提案の形で出す。するとその分野に詳しい担当者から逆提案が出て、現場が活性化する。相手の考えを聴いて、理解し、自分の望みと組み合わせ、アイデアが生まれる。その決定をみんなで信じる。でも決めるのは監督。だから優しい独裁者なのだ。

＋more!

Direction（方向）を示すのが監督（ディレクター）。仕事はいちばんできなくてもいい。スペシャリストに任せ、その代わり各担当の仕事を理解し、良い組み合わせを作るのだ。

TAKE ⑯ 映画の機材を知れば 表現の可能性が拡がる

コツⒶ
映画に必要なさまざまな機材を知ろう

● **撮影機材**
- カメラ / レンズ
- フード・サンシェード
  マットボックス
- フォローフォーカス
- カメラマイク（鼻マイク）
- リグ
- ロッドサポート
- 三脚
- スタビライザー
- レール
- モニター
- カメラマイク
- フィルター
- 露出計
- 標準反射板（グレーカード）

● **録音機材**
- マイク
- ガンマイク
- ブーム（ポール・竿）
- ウインドウジャマー
- ブリンプ（風防）
- キャノンケーブル
- ピンマイク
- ワイヤレス
- レコーダー
- フィールドミキサー
- モニターヘッドホン

● **照明機材**
- ライト
- デフューザー
- フィルター
- バーンドア
- ライトスタンド
- レフ板
- 手袋
- 黒紙

● **編集・仕上げ**
- 編集用 PC
- 編集用ソフトウェア
- エフェクト用ソフトウエア
- 音響用ソフトウェア
- CG

➕ more!

● **機材を揃えるときは目的に応じて手段を選ぼう**

使う頻度やメンテナンスを考えると、レンタルが良い場合も多い。知人やスタッフに借りるのも賢い方法だ。ただし、いつまでも借りっぱなしなど、一方的にならない配慮や故障時の対応を決めておく。購入は、ただ揃えるだけでなく、的確な選択ができるよう知識を深めておく。通販や中古品やネットオークションも選択肢に入る。最新式が良いとは限らない。スペックだけを追うのは没個性的。

購入なら、量販店で入手できる民生品と、プロ用店でしか取り扱いがない業務用（主なネットショップ：SYSTEM5、フジヤエービック、ビデオ近畿、サウンドハウス）がある。

イマココ

POINT いまでは、映画はスマホだけでも撮影できる。しかしさまざまな機械を知っておくことで、予算や撮りたい画に添った適切な判断ができる。どんな機材を使うかも、あなたの表現なのだ。

コツ❽
撮りたい映像にあったカメラを選ぶ

スマートフォン動画	もっとも手軽。小さいので、自動車内で各種アングルの撮影ができるなど小回りが利く。
民生用デジタルビデオカメラ	家庭用。運動会などを意識して望遠側に強い。（映画では広角側を使うことが多い）
業務用デジタルビデオカメラ(取材用)	ニュースなどの取材用。短時間で鮮明な映像を収録することを目的に作られている。ズームレンズで運用することがほとんど。レンズが交換できるもの、固定のものがある。
業務用デジタルビデオカメラ(映画用)	映画やドラマの撮影用。撮影後に後処理することが前提の収録方法も多い。単焦点レンズで運用することも。レンズは、内蔵されて交換できないものもある。
デジタル一眼レフカメラ	写真用。レンズは交換式。動画収録モードでは昔の35mmフィルム映画のカメラに近い映像収録ができる。各社から動画撮影に力を入れたシリーズが発売されている。
ミラーレス一眼カメラ	写真用一眼レフカメラから光学系の反射鏡式ファインダー（映像確認用覗き穴）を省略したもの。動画撮影に特化した機種もある。
コンパクトデジタルカメラ	ハイエンドなものには動画撮影に向くものもある。レンズは非交換式。
アクションカメラ	小さなボディに広角レンズを備えた身体や乗り物に装着できるカメラ。映像を確認しながらの撮影はできないので、映画の全編をこのカメラだけで撮影するは難しい。
ドローン	無人のマルチコプターにカメラを搭載したもの。操作が難しく訓練が必要。これだけで映画全編を撮影するのは難しい。
スタビライザー	センサーとモーターでカメラのブレを打ち消す装置。小さなカメラをつけたものがある。

●撮影フォーマットは

映画に使う撮影フォーマットは24p（1秒に24コマ）が多い。そこで「**p」とある動画フォーマットで収録できるカメラが望ましい。「60i」などiの付くフォーマットは、アナログビデオを引き継いだ形式。ビデオっぽい映像を求めるなら別だが、通常は向かない。

●監督の拘りがカメラに

内田吐夢『飢餓海峡』は虚無感を表現するため、あえて解像度の低い16mmカメラで撮影。D・リーン『アラビアのロレンス』は、巨大な70mmカメラで砂漠を表現。深作欣二『仁義なき戦い』は、手持ちの小型カメラにズームレンズを付け、アクションのど真ん中に突っ込ませた。

➕more!

カメラも進化する。移動してもぶれないステディカムや、コンピュータで動きを制御し再現するカメラ、シュノーケルカメラやスリットスキャンカメラなど、特殊なものもある。

TAKE ⑰

カメラとレンズと三脚は映像に合わせて決める

1 面白い映画にするコツ

コツⒶ
カメラはレンズから選ぶ

●**カメラ本体部分**

●**ファインダー**

●**カメラマイク（鼻マイク）**
カメラに付ける小さなマイク。

●**絞りリング**
レンズの明るさを調整する。

●**ズームリング**
写る範囲を手動で調整する。

●**ピントリング**
フォーカスを手動で合わせる。

●**フード**
レンズ内での光の乱反射を防ぐ。

●**レンズ部分**

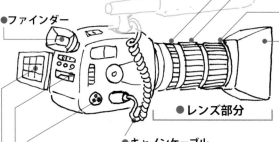

●**外部マイク端子**
外部のガンマイクなどを繋ぐ端子。

●**キャノンケーブル**
外部マイクを繋げるためのシールド（ノイズ防御）の付いたケーブル。30cm程度〜10m、20mがある。

外皮　シールド　芯線

●**SDカードスロット**
映像を記録するメディアを入れる。アップ用に2枚同時に入れて記録するものや、1枚目が一杯になると2枚目のカードに記録を引き継げるものもある。

●**単レンズ**
広角 /
広い範囲を写す。

標準 /
人の見た感じに近い。

望遠 /
狭い範囲を写す。遠くを見た感じに近い。

●**ズームレンズ**
撮影中にズームアップ＆ダウンができ、範囲を調整する。

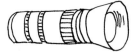

●**モニター**
さまざまな情報が表示される。

●**カメラに慣れよう**
撮影機材の中で最重要なのがカメラだ。業務機やハイスペックなカメラほど、撮れる映像の幅が広くて簡単には撮影できない。マニュアルは必ず事前に読み、何度もテスト撮影を行い、現場で初めてカメラに触れるなんてことがないように。

●**まずはレンズを選べ**
良いカメラより、良いレンズを手に入れよう。画像を再処理するには大きなコストがかかるので、レンズの役割は重要だ。デジタル化で日進月歩で改良が進むカメラと比べ、レンズは一度の購入で長く使える。

➕more!
初心者はズームレンズではなく、単レンズから始めると良い。被写体とカメラの位置関係が理解しやすい。光学的な構造もシンプルなので、描写も素直で美しいものが多い。

> **POINT** カメラマンは撮影現場のエースだ。カメラとレンズ、三脚を知って、カメラマンがどんな画を狙っているか理解できるようになると、映像と演技のチームワークが固まる。

コツ⑧
三脚は撮影を支える土台

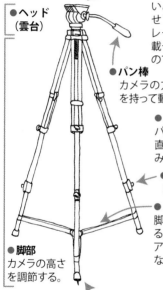

● **三脚全体図**

● **ヘッド（雲台）**

● **プレート（フネ）**
カメラの重心を三脚の中心に合わせるのが良いが、慣れないと難しい。同じ規格で合わせておけば、別の三脚やクレーン等への載せ替えが楽。載せ替えは案外時間がかかるので、意識しておきたい。

ノブ

● **パン棒**
カメラの方向を変える。握りを持って動かすとスムーズ。

● **パン（ティルト）ロックつまみ**
パン（水平回転）やティルト（垂直角度）を固定するためのつまみ。締めすぎ緩めすぎに注意。

● **水平器**
ヘッドは常に水平に。でないとパンしたときに水平がとれなくなる。それを防ぐ動画用三脚ならではの機構。ヘッドの水平器を見ながらノブを緩め、水平にしてノブを締めると、短時間で調整できる。

● **脚のロック**
段を調節してロックする。

● **スプレッダー**
脚が広がりすぎないようにする。脚の先にあるタイプ、ローアングルの時に外せるタイプなどもある。

● **脚部**
カメラの高さを調節する。

脚を広げて置き、運ぶときは畳む。

● **石突**
スパイク状のものと、ゴム状に変えられるものなどがある。

水泡 高 低 パン 水平

＋more!

┌─────────────────┐
│ ● **三脚は映像の要** │
│ 良い三脚で撮影した映像 │
│ は、安定度やスムーズさ │
│ が違う。補助的な見方を │
│ されがちな三脚だが、見 │
│ た目通り、映像の土台を │
│ 支える要なのだ。 │
└─────────────────┘

● **脚の長さを調整する**
一人のときは、まず一本の長さを決めロック、その脚を支えに他を調整する。複数なら、一人がカメラを支えて希望する高さに持ち上げ、助手が全部の脚を合わせてロックする。

微調整をする段を決めて、他の段は最長か最短にしておくと水平が出しやすい。ちなみに、木下恵介監督『カルメン純情す』では、水平をわざとずらす印象的な演出だった。

TAKE ⑱ 照明機材で映像の印象を演出

コツⒶ ライトを知って光をコントロール

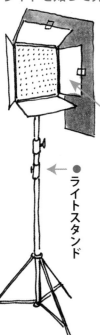

● **ライトスタンド**

● LED ライト
バッテリーでコンセントなしで使えるものや、色温度を調整できるものなど。

裏

● バーンドア
余分な光をさえぎる。さらに黒い紙で覆うことも。

● デフューザー
光を柔らかくするのがデフューザーフィルター。トレーシングペーパーやレジ袋もデフューザーとして使える。ガサゴソ音があるので、テープで止めよう。

● 場所や時間を演出
照明は、明るくするためだけのものではない。光をコントロールすることで、場所や時間や美しさを感じさせられる。照明はそのための道具なのだ。

● 照明用フィルター
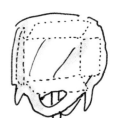
ライトにかけて色をつける。色温度を調整するものもある。不要な色を削って色を調整するので、必ず暗くなる。照明用は**リーフィルター**などが有名。

● 硬い光と柔らかい光
光源からの光を直接当てると、明るい部分と暗い部分の境目がハッキリする。「**硬い光**」だ。これをデフューザーで透過すると、乱反射して光の進む方向がバラバラになることで、境目が緩やかなグラデーションになる。「**柔らかい光**」だ。天井や床・壁、レフ板などに反射させて、さらに柔らかな光にすることもできる。

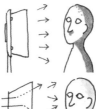
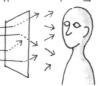

 **+more!**

「色温度」とは物質を熱した時に出る光の色のことで、ケルビン単位で示す。色温度を変えることにより、他の光とのバランスを調整する。太陽光で5500K、家庭電球で2800K程度。

POINT 現実の世界には、イラストのような輪郭線は存在しない。物の形は光をどんな風に反射しているかで見えている。ライトの当て方やレフ板の利用方法を工夫して、光と影をコントロールしよう。

コツ⑧
太陽光のもとではレフ板を活かす

● **レフ板で影を調整する**
晴れた太陽光の下では、影がくっきりと出る。そこでレフ板を使って影を薄くする。反射させる角度や距離によって、印象や強さが変わる。

● **光の当たりを常に確認**
位置・角度はすぐにズレてゆく。効果が分からなくなったら、一旦外して当て直してみる。レフ板担当は、光がどこに当たっているかを常に見ておく。

● **レフ板のサイズ**
小さいと反射が狭く、大きいと扱いづらい。一人の顔に当てるのなら、60〜150cmぐらいが扱いやすい。

わざと影にすることも

● **表面の色で反射に変化**
柔らかな光で弱い反射の「白」、強い反射で硬めの「銀」が代表的。鏡で硬い光を当てたり、光を通すレフ板を使ったりも。

● **レフ板のしまい方**
折り畳み式のレフ板は、両端を右手と左手をさかさまにして順手と逆手で持ち、ひねる。さらにひねって3分の1の大きさにたたんで、袋にしまう。

●レフ板は自作もできる
レフ板は、板に白紙を貼りつけるなど自作でも構わない。くしゃくしゃにしたアルミホイルやシーツ、あるいは板を白く塗ったりしても良い。**カポック**という、発泡スチロールの板に白い紙を貼ったものも市販されている。軽いが弱いので屋外には向かず、主に室内やスタジオで使われる。

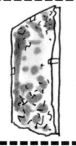 **⊕more!**

ロケではピーカン（完全な晴れ）より薄曇りの方が天然デフューザー効果で良い画が撮れやすい。とはいえ雲が切れ切れだと光が変わって編集でつながらなくなるなど、悩ましさもある。

TAKE ⑲ 録音機材を使いこなして良い音を作ろう

コツⒶ
セリフ収録にはガンマイクを使用

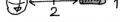

S/N 1:¼

S/N 1:1

● **ブーム（ポール・竿）**
何段かで伸びる。結束バンドや養生テープを利用してケーブルを止める。筒の中に通せるものもある。

● **ガンマイク**
長い筒で後ろや横からの音を打ち消す仕組み。扱いに訓練が必要になる。

● **できるだけ音源に近く**
マイクは音源からの距離が倍になると、音は1/4の大きさになる。離れるほど遠くから入るノイズが大きくなるので、カメラに映らないぎりぎりまで近づけること。

● **片手を支点に**
ガンマイクを音源に近づけるためにブームを振るのは大仕事だ。前の手を支点にし、後ろの手で竿を動かすようにすると楽。

● **ウィンドウジャマー**
マイクに風が当たるときのノイズを防ぐ。効果が強いものほど音はこもりやすい。

● **ガンマイクは電源が必要**
ガンマイクには、キャノンケーブル から供給するファンタム電源を使う（電池式やUSB充電式もある）。電圧は48Vが一般的（12V・9Vのマイクもあるので間違えないように）。レコーダーやカメラなどにはファンタム電源の切り替えがあるので、確認しておこう。

・**スポンジ**
ベーシックなもの。

・**ファー**
毛が植わった袋。毛を立てるほど効果大。

・**ブリンプ**
かご状でマイク全体を囲む。さらにファーを付けることも。

➕ more !

● **マイクは指向性で選ぶ**
マイクには周りの音すべて拾う「**無指向性**」、指し向ける方向だけ拾う「**指向性**」などがある。セリフ収録には前の狭い範囲のみを拾う「**超指向性**」のガンマイクが最適だ。長いほど指向性が強くなる。

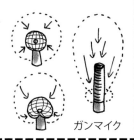

ガンマイク

ブームのマイクに問題が発生したときに使えるのが、カメラに付ける小さなガンマイクだ。ステレオの別チャンネルに録音しておいて、バックアップ用にしよう。

POINT　映画の同時録音時にはガンマイクや隠しマイクを利用して、マイクが映像に入らないようにする。ノイズや歪みなど収録時の不具合に気づくため、モニター用のヘッドホンが必要だ。

コツ**❽**

現場とシーンに適した録音を考える

送信機

受信機

● **ピンマイク（隠しマイク）**
ガンマイク以外に、隠しマイクも選択肢になる。ピンマイク（ラベリアマイク）という小さなマイクを、ネクタイや襟などに隠す。衣擦れ音がしないよう、テープで服に固定する。

● **ワイヤレス（無線）**
ピンマイクの音を飛ばす。送信機（トランスミッター）、受信機（レシーバー）が必要。トラブルもあるで、別マイクでも録っておく。

● **レコーダー**
多チャンネル型が多い。デジタル録音では0dB以上の音があるとデータが壊れる。-12dBや-24dBが最大になるよう調整する。

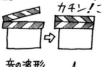

・ **ヘッドホン端子**
モニター用ヘッドホンなどを繋ぐ。
・ **ラインイン** ミキサーなどからの入力。
・ **ラインアウト** カメラなどへの出力。
・ **モニターレベル** ヘッドホンの音量。

● **現場の音は録っておく**
セリフ以外に、現場の音を録っておこう。良い**背景音**になる。

● **モニターヘッドホン**
現場用は、ほとんど密閉式。折りたたみ式は収納に便利。

● **音声モニターは大きめで**
モニターはノイズや歪みを正しく聞き取るのが目的なので、大きめで一定に。音楽用ヘッドホンは良い音に聞こえてしまうので、モニターヘッドホンを使う。また、イヤホンをカバンに忍ばせておくと安心（100均などの物で十分）。

こんなレコーダーも。

● カチンコは映像と音を合わすため

同時録音には、映像と音声を同じファイルに収録するシングル方式と、別に収録し編集時にカチンコの音で合わせるダブル方式がある。ズレが4コマ以内か、口と母音が揃っていれば**リップシンク**（音声が口に合っていること）に感じる。『雨に唄えば』には録音やリップシンクにまつわる印象的なエピソードがあった。

カチン!

音の波形

⊕more!

録音技法は、撮影後にスタジオで映像に合わせてセリフを収録するアフレコや、歌のシーンで先に音声トラックを作り、再生して合わせながら撮影するプレスコもある。

TAKE 20 編集用の デジタル環境を整える

面白い映画にするコツ

コツⒶ
「古びない」を意識したハードウェア選択

●進化に耐える機種選び
編集にはパソコン（PC）を利用する。ノートPCは持ち出せて便利だが陳腐化しやすいので、メインはデスクトップPCでパーツを取り換えられるものが良い。徐々に揃えれば十分だ。

●ディスプレイ
映像編集は面積が必要。予算があるならマルチディスプレイにすると、編集効率が上がる。

●ディスプレイキャリブレーター
ディスプレイの色や明るさを基準に保つ。

●ビデオカード
画像処理を補助する。グラフィックカード、GPUとも。編集ソフトと対応していると有利。

ミキサー型も。

●外付けHDD
複数準備しておこう。

●クラウドストレージ
クラウド上にデータを保存すること（オンラインストレージ）。データの受け渡しなどに向く。

●ブルーレイドライブ
上映用素材を焼いたり、バックアップにも。

●データ保存に留意
動画データは巨大だ。視聴用ブルーレイディスクで50GB。制作用データだと、70分動画で2TB近いストレージが必要。

●パソコン
動画編集では画像レンダリングなど激しい計算が必要。ノートよりタワーPCを。

●カードリーダー
撮影や録音素材を取り込む。

●DAC/USBオーディオインターフェイス
音声のデジタル信号をアナログ信号に変換。PCからの直接出力は高周波のノイズが多いので、使用したい。

●モニターヘッドホン
収録時に利用するものと同じで良い。

●モニタースピーカー
PC用や音楽リスニング用は、映画音声のモニターには不向き。

●環境によって見え方が変わる
環境によって色や明るさは違って見える。編集ソフトなどで出力できる「SMPTEカラーバー」を利用しよう。右下の黒の少し明るい柱がかすかに識別でき、暗い柱は識別できない輝度が基準。青信号のみにして、色付き部分の上と下が同じ明るさになっていれば、色も基準範囲。

⊕more!
一般の店で映像機能が良いものと相談すると、ゲーム用PCを勧められることが多い。しかし値段の割に動画編集に向かない。パソコンやビデオカード選びの際に注意しよう。

POINT 編集機材はハードとソフトの二面がある。ソフトウエアの進歩は早いので、ネットなどでの情報収集が必要だ。あなたに合った選択をするため、流行に流されず基礎的な知識を持とう。

コツ❽

ソフトはオープンソースも上手に利用する

● ソフトで編集

編集ソフトの基本機能は、素材から不要な部分をカットして順番を並べ直し、新しい動画データとして圧縮することだ。

● プラグインで付加機能

編集ソフトで素材を加工したり、タイトルを編集したりもできる。またプラグインとしてエフェクトや不要な音を小さくするなどの追加機能が提供されている。

編集ソフト　　NLE(non-linear editing software)
・Final Cut Pro (Mac) …Mac 用のプロ用編集ソフト。
・Adobe Premiere Pro (Mac/Win)…日本での利用者が多い。
・Avid Media Composer (Mac/Win) …老舗の編集ソフト。
・EDIUS Pro (Win) …報道でよく使用されるソフト。
・DaVinci Resolve (Mac/Win/Linux)…無料版もあるプロ用。
・VEGAS Pro (Win) …軽快で直感的な操作の編集ソフト。
・Adobe After Effects (Mac/Win) …CGやエフェクトに特化。

音響ソフト	音楽制作ソフト
録音から編集・仕上げまでこなす DAW（デジタルオーディオワークステーション）、波形を編集する「Audacity」などがある。	作曲やデスクトップミュージック用の各種ソフトがある。ほとんど楽譜の知識がなくても作れる「GarageBand」や、ループ素材を並べて簡易に作れる「ACID」なEなども。

画像編集ソフト	ドローソフト
動画編集であっても、素材の静止画をレタッチすることは多い。「Adobe Photoshop」やフリーの「GIMP」など。	動画内の静止画を制作したり、ポスターやフライヤーの制作に使う。「Adobe Illustrator」やフリーの 「Inkscape」のなど。

● 音源は著作権に注意を

効果音 (SE) や素材、音楽 (BGM) 集はさまざまなものがネットなどで販売・配布されている。使用にあたっては、著作権者の指示に従うこと。無料配布のものでも商用利用が不可だったり、改変が不可だったり、クレジット表記が必要なものなどがある。
（TAKE46 参照）

 ➕ more!

商業ソフトは販売中止になることもあるので、GIMPや Inkscape のようなオープンソースソフトの方が安心できる。しかし編集ソフトでは良いものが出ていないのが残念。

TAKE **21**

スケジュール管理は香盤表でシステム化

コツⒶ
シナリオから香盤表を作成する （原稿 P54）

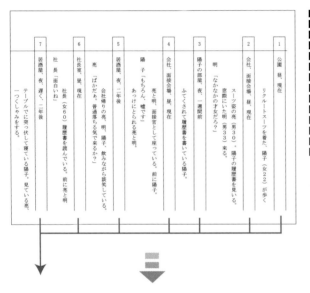

7
居酒屋、夜、遅く、二年後
テーブルに突っ伏して寝ている陽子。見ている亮。
一つくしゃみをする。

6
社長室、昼、現在
社長（女60）履歴書を読んでいる。前に亮と明。
社長「面白いね」

5
居酒屋、夜、二年後
会社帰りの亮、明、陽子、飲みながら談笑している。
亮「ばかだな、普通落ちる気で来るか？」

4
会社、面接会場、昼、現在
亮と明、面接官として座っている。前に陽子。
陽子「もちろん、嘘です」
あっけにとられる亮と明。

3
陽子の部屋、夜、一週間前
ふてくされて履歴書を書いている陽子。

2
会社、面接会場、昼、現在
スーツ姿の亮（男30）。陽子の履歴書を見る。
明
「なかなかの才女だろう」

1
公園、昼、現在
リクルートスーツを着た、陽子（女22）が歩く

STEP①
柱を抜き出す

STEP②
ロケ場所を追加

STEP③
役欄を追加

S#	柱内容	ロケ場所	香盤			
			陽子	亮	明	社長
2	会社、面接会場、昼	会社（土曜14-17時のみ）		●A	●A	
4	会社、面接会場、昼	会社（土曜14-17時のみ）	●A	●A	●A	
6	社長室、昼	会社（土曜14-17時のみ）		●A	●A	●
5	居酒屋、夜、二年後	居酒屋Y（平日午前のみ）	●C	●B	●B	
7	居酒屋、夜、二年後	居酒屋Y（平日午前のみ）	●C	●B		
1	公園　昼	△公園（会社近く）	●A			
3	陽子の部屋、夜	○宅（美術仕込み必要）	●B			

STEP④
登場人物の衣装や道具を書き込む →

衣装　陽子　A:スーツ
（高田）B:部屋着
　　　　C:会社用
　　　亮
（北山）B:会社用二年後
　　　明　A:会社用
（北西）B:会社用二年後
　　　社長　会社用

●香盤表は進行の要

映画は大勢の人が毎日条件の違う仕事をする。特に出演者は、スケジュールの間違いが許されない。そこで出番を整理する**香盤表**を使う。江戸時代の歌舞伎から続く手法だ。

●作り方はまず柱を抽出

シナリオの柱と登場人物の一覧、これが香盤表。まずシナリオから柱を抜き出してリストにし、その横に登場人物を入れる。ここにロケ場所や衣装パターンなども加えておくと、撮影計画が立てやすい。ロケ場所や登場人物ごとに順序を並び替えられる。

＋more!

経験がないと、移動時間を少なく見積もりすぎる。5分で移動できる距離でも、撮影隊が機材と共に移動すると、小一時間かかることがある。余裕のある見積もりをしよう。

> **POINT**　スケジューリングはシナリオをもとに表計算ソフトを用い、香盤表を作って管理する。情報は多いが、落ち着いて一つずつ整理しよう。できてみれば、「自明のことだよ、ワトソン君」。

コツ❸

香盤表は共有し行動計画につなげる

●調整はカレンダー型にして撮影日でまとめる

STEP⑤スケジュール調整表を作成する

キャストとロケ場所の日時をすりあわせるために、カレンダー型の表で調整する。候補日を★マークでメモ。

登場人物	陽子	亮	明	社長				
役者	高田光	北山良平	北西 南	小野洋子				
撮影可能日	OK4/1日〜10火	OK4/6金〜17火	NG4/1水	OK4/7土	会社土14-17時	居酒屋平日午前	公園	部屋
4月1日 日	OK							
4月2日 月	OK		OK		●			
4月3日 火	OK		OK		●			
4月4日 水	OK		OK		●			
4月5日 木	OK		OK		●			
★4月6日 金	OK	OK	OK			★午前		★夜
★4月7日 土	OK	OK	OK	OK	★夕方		★午前	
4月8日 日	OK	OK	OK					
4月9日 月	OK	OK	OK		●			

STEP⑥整理した香盤表をさらに撮影日でまとめる

行動予定を分かりやすくする。撮影準備・衣装・メイク変えなど、もっと細かく分けても良い。

S#	柱内容	ロケ場所	香盤			
			陽子	亮	明	社長
4月6日金 8:00	居酒屋	現地集合（最寄り駅●線●●駅）陽子・亮・明＋スタッフ				
4/6金 9時〜11時	居酒屋					
5	居酒屋、夜、二年後	居酒屋（平日午前のみ）	●C	●B	●B	
7	居酒屋、夜、二年後	居酒屋（平日午前のみ）	●C	●B	●B	
	亮、明、撮影終了					
	昼食＋移動					
4/6金 18時〜21時	○宅					
3	陽子の部屋、夜	○宅（美術仕込み必要）	●B			
4月7日土 8:00	●線●●駅集合 陽子のみ＋スタッフ					
	移動					
4/7土 9時〜11時	△公園					
1	公園、昼	△公園（会社近く、平日午前が良い）	●A			
	昼食＋移動					
4月7日土 13:30	X社・駐車場・現地集合（最寄り駅●線●●駅）集合 陽子・亮・明＋スタッフ					
2	会社、面接会場、昼	会社（土曜14-17時のみ）		●A	●A	
4	会社、面接会場、昼	会社（土曜14-17時のみ）		●A	●A	
6	社長室、昼	4/7土 14時〜17時 会社		●A	●A	●

衣装　陽子（高田）A:スーツ　B:部屋着　C:会社用
亮（北山）A:会社用二年後
明（北西）A:会社用　B:会社用二年後
社長（小野）会社用

STEP⑦
集合日時や場所を入れる。

STEP⑧
解散予定、移動時間などを加える。

●待ち時間を減らすこと

香盤とは、**お香を焚いていた升目の盤**。見た目が似ているからこの名前で呼ぶ。シーン順に作った香盤表を並び替える際、移動時間や登場人物だけではなく、衣装・メイクも考慮し、役者の待ち時間をできるだけ減らすように考えよう。

●オンラインが便利

香盤表はみんなで共有する。修正ごとに最新版をすぐに配ること。撮影中は不測の事態が起こるので、スケジュールは逐一変わる。作成は表計算ソフトが便利。Googleドキュメント（オンライン）のスプレッドシートなら、修正がすぐに共有者の手元に反映される。

＋more!

スケジューリングさえできれば、映画は完成する。予定外の出来事で香盤表を組み直すことは多いが、変更を余儀なくされた場合のシーンほど出来が良いもの。あきらめるな。

TAKE
22

どんな流れの映画にするか
編集を知りコンテにする

1

面白い映画にするコツ

コツⓐ

世界の「印象」と「流れ」を作るのが監督の仕事

> **●監督は世界を作る人**
> 映画は映像のつながり（コンティニュイティ＝コンテ）からなる。監督はキャラクターがどう動き、どう絵にするのか、関係者の仕事をつなぎ合わせるのが役割。

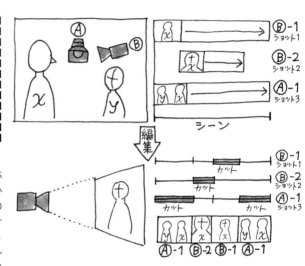

●ショットからシーンへ

現場で撮影した一連の動画が**ショット**。編集段階で、そこから切り出した**カット**を並べたのが**シーン**になる。**ショット**は計画通りに撮れるとは限らない。撮れた絵から**カット**を工夫して並べ、**シーン**を成立させるのが編集だ。

●ショット表と編集…撮影するショットを一覧にしたのがショット表。
※S#（シーンナンバー）、Sh#（ショットナンバー）

```
S#1/Sh#1 街の全景からカメラが下がり公園、向こうから陽子
        が来る。アップになってフレームアウト
S#2/Sh#1 会議室全景。亮と明。シーン全部 マスターショット
    Sh#2 亮アップ、後ろから明来て亮の隣に座る
    Sh#3 手に持った履歴書の陽子の写真アップ
```

> Sh#2・3は撮影できなくても、最悪 Sh#1 があれば話は成り立つ。

➕more!

映像の印象をルックという。撮影監督や編集などと打ち合わせる。色だけでなく構図やカットの長さ等で印象が変わる。既存の作品を例示しつつ調整すると、方針が決まりやすい。

●ショットと撮影計画

撮影には、大きく分けて二つの方法がある。カットとほぼ同じショットで撮影し編集でつなぐ方法と、そのシーンのショットをいくつか撮影し編集で組み合わせる方法だ。後者はダブって撮影される時間があるが、コマ切れにならないので演技がスムーズになり、編集時のミスも減る。特に、そのショットだけでシーンのすべてが分かるものを、**マスターショット**という。

POINT
監督の仕事は、映画という世界の構築だ。現場で撮影したショット、そこからカットしたものをつないだシーン。映画世界を把握して、どう組み立てるのか計画しよう。

1　面白い映画にするコツ

コツ⑧
映画世界での配置を把握して計画しよう

●コンテは映像の設計図
映画といえば絵コンテと考える人は多いが、現場の創造力を活かすためには、シナリオにカット割りを書き込む方法（右図→）や、字コンテ（下図↓）でも十分だ。※C#（カットナンバー）

C#1　会議室。窓をバックに、亮、座っている
C#2　手に持った履歴書の陽子の写真アップ
C#3　窓際に立つ明、亮の隣に座りながら「なかなかの…」

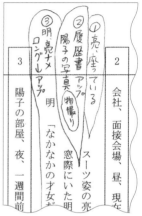

3	2
③明、亮ナメ ロングショット アップ 陽子の部屋、夜、一週間前	②履歴書 陽子の写真 アップ 物撮り ①亮、座っている アップ 会社、面接会場、昼、現在

スーツ姿の亮が
窓際にいた明　「なかなかの才女だ…」

●平面図をイメージしよう
重要なのは、誰がどこにいるかの設定とカメラ位置だ。それらを平面図にすると、照明やマイクの配置も書き込める。絵コンテを描く場合も、平面図を頭で把握しておこう。

●上手さより伝わりやすさ
絵コンテは紙に画面枠を描き込んでいく形（A）と、専用用紙に描く形（B）がある。正確さは必要だが魅せる必要はない。

(A)
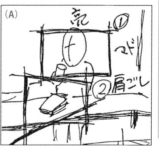

カット	画面	内容
2-1		
2-2		

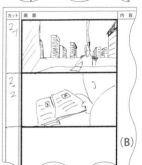
(B)

●視線の方向を分かりやすく
映画で重要なのは視線の方向。卵型頭部に十字線を描くと、簡単に示せる。顔の方向は、頭部の丸に鼻を示す棒を付けると良い。肩を描くと、背中越しが表現できる。あとは腕の付き方を意識していれば、かなり正確に伝わる。

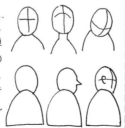

⊕ more!

絵コンテの中で位置関係を伝えるには、遠近法が必要。基本的なのは1点透視図法、2点透視図法、3点透視図法。デッサン入門書などで学んで身に付けておこう。

TAKE 23 観察から想像へ 演技力を鍛えよう

1 面白い映画にするコツ

コツⒶ
演技力を高める基礎レッスン

● 演技を体験しよう
役者とは、自分の身体を使って演奏する人のこと。一人なら、床の直線上を歩く「綱渡り」で鍛えよう。二人揃えば、相手の言葉によって反応する「ピンポン」で感情をつかもう。

● 距離で感情を調整
感情が反応しあう状態を作れなければ、相手との距離を変えてみよう。ふつうは片方の手が届かないぎりぎりの位置に立っていることが多い。これを、抱きしめることもできる距離、あるいは逆に数メートル離れた距離と変えてみよう。

STEP①　一人での綱渡り演技
自分の内側に起こる感覚を観察しよう。それは自然に外へと現れる。
①床の直線上に線を引き歩く
…普通に歩けるはず。
②床の線を平均台と想像する
…足の感触は？ 難しくなった？
②平均台を高くする
…ずっと怖くなって歩きにくい？
④今度は綱を想像する
…バランスを取りながら片足ずつゆっくり綱に足を乗せ、先まで歩こう。汗は？ 風は？
⑤大渓谷に渡した綱を想像
…空想に没入できたときは、成功に涙が出るほどだ。

STEP②　他者と響きあう
①言葉を相手に投げかける
…二人で向き合い、一方が相手の内面を一言で表現する。お互いの心の動きを観察する。
②言葉のピンポン
…言われた人が同じ言葉を返し、返された人はまた返すピンポンで、お互いの心の動きを観察する。

＋more!

役者の内面に起こる感情からアプローチする演技法を、メソッド（メソード）という。一方、内面ではなく外見のしぐさを磨く方法もある。いろいろな方法を試そう。

● 映画と演劇の世界の違い

	演劇	映画
・舞台	四角形や円形	カメラからの扇型
・映像	肉眼	レンズ（見え方が異なる）
・距離	多方向の座席	レンズを通して数センチから

世界が違えば演技も違う。映画はささやき声も自然の大きさで、至近距離の観客に見せるリアルな演技が必要だ。

※参考文献…『なにもない空間』ピーター・ブルック 著, 高橋 康也 他訳
『サンフォード・マイズナー・オン・アクティング』S・マイズナー, D・ロングウェル 著 仲井真嘉子, 吉岡富夫 訳
『イヴァナ・チャバックの演技術：俳優力で勝つための 12 段階式メソッド』イヴァナ・チャバック 著 白石哲也 訳

> **POINT** 役者にとって、発声練習や滑舌を良くする練習は必要。しかしそれ以上に、キャラクターに命を吹き込む役割が重要だ。個人の才能任せのように思われがちだが、これは訓練できる。

コツ❽
キャラクターに命を与えるレッスン

STEP③ オープンダイアログ →

どんな意味でも通用する対話を「**オープンダイアログ**」という。さまざまなキャラクターを当てはめて、演じ分けてみよう。単にセリフを読むのではなく、登場人物の背景を想像して演じるコツをつかもう。
［例］・別れ話をする男女
・借金した人と貸した人
・裏切った女スパイ
など、なんでも設定できる。セリフは語尾や表現を変えたえたりして、やりやすいように。

● **キャラクターを生かす**

役者は演技を通してキャラクターに命を与え、「**そこに居る**」というリアリティを生まなくてはいけない。V・デ・シーカ監督『自転車泥棒』のように、素人で似た境遇の人を配役する手法もある。

A「その」
B「うん」
A「はい」
B「それだけ」
A「なんていえばいい」
B「べつに」
A「うそ」
B「そんなこと」
A「どういうこと」
B「やめよう」
A「なにを」
B「できない」
A「できない」
B「わからない」
A「いい」
B「ばか」
A「なんで」
B「しりたい」
A「うん」or「いや」
B「うん」
A「じゃ、すきにすれば」
B「わかった」

┌─────────────────────────────────┐
● **キャラクターになりきる手がかりは想像**
①キャラクターが求めているものとそれを阻んでいるもの、最終結果を整理し、流れの中での変化を把握しよう。
②物語の物や人を、身近な物や人に置き換えて想像する。
③シナリオを分析して行間に書き込もう。単なる「怒り」と思っていたものが悲しみや自嘲と分かるなど深みが増す。
④シナリオ以前にキャラクターに起こった出来事を想像する。
⑤シーン直前にキャラクターに起こった出来事を想像する。
└─────────────────────────────────┘

+more!

キャラクターがシーンの前にどんな食事をしたか想像しよう。何を？ どこで？ 誰と？ 後味は残ってる？ 身体感覚が思い浮かびやすく、今の状態の最初の手がかりになる。

※参考文献…『リアリズム演技』ボビー中西 著 からオープンダイアログ（オリジナルはサンフォードマイズナースクールの英語版）

1	2	3	4	5	6	7
公園　早朝　現在	会社　面接会場　早朝　現在	陽子の部屋　夜　一週間前	会社　面接会場　早朝　現在	居酒屋　夜　二年後	社長室　早朝　現在	居酒屋　夜　遅く　二年後
リクルートスーツを着た陽子（女22）が歩く	スーツ姿の亮（男30）、明（男33）が来る。陽子の履歴書を見ている。	明「恋人になってくれないか？」なかなかいい子だったよな？スーツへ着替えて履歴書を書いている陽子。	陽子「もちろんと明、亮と面接官として座っている。前に陽子。」あっというまに嘘と明、亮とバレる亮と明。	亮「ほぼだが。」会社帰りの亮、明、陽子。飲みながら談笑している。普通に帰る気で来るかな？	社長「面白いね」社長（女60）履歴書を読んでいる。前に亮と明。	「ヘヘヘ」テーブルに突っ伏してみんな爆睡している陽子。見ている亮。

SCENE 2 | 順調に撮影を進めるコツ

Production ／プロダクション ［撮影］

撮影（プロダクション）といえば映画制作の花形
に思えるが、実際は映画の素材を集める工程だ。
機材と場所と撮影対象を揃え、身体と心と頭脳を
激しく使う総合力が試される。時間や環境などさ
まざまな問題と闘いながらチームをまとめ、目的
の素材を手に入れる。画面に映らない部分にいろ
いろな工夫がある。

TAKE 24 撮影日の前の不安はチェックリストで解消

コツⒶ 機材関連チェックリスト

機材	□ プラン通りの映像と音声が撮影できる機材があるか？ □ 撮影関係：カメラ、レンズ、三脚、バッテリー、充電器、リグ、フィルター、露出計、グレーカード、レンズ拭き、バフ、レンズクリーナ、撮影小物、モニター関連など □ 合成や特殊な撮影用の機材はあるか？ □ 録音関係：マイク、ショックマウント、ケーブル、ブームポール、ヘッドホン、レコーダー、電池・バッテリー、SD カードなど □ 照明関係：ライト本体（灯体）、スタンド、電源ケーブル・バッテリー、デフューザー、黒紙、テープ、ピンチなど
電源	□ 各機材のバッテリーの充電はされているか？ □ 電池駆動の機材の電池は足りているか？予備はあるか？ □ 撮影現場での電源は確保できているか？電源コードのドラムや延長は足りているか？ □ 動画・録音用のメディアは十分あるか？予備はあるか？

●チェックリスト確認は複数回で

撮影初日前夜、監督やプロデューサーは寝つけない。経験が少ない人ほど大雑把に準備万端と考えがちだが、小規模な撮影でも想像以上に複雑な準備が必要だ。チェックリストで確認し、クランクイン2週間前、撮影1週間前、前夜に見直してみると安心だ。

チェックリスト

眠れないときはチェックリスト

✚ more!

機材は、各技術担当にも確認してもらおう。複数の目で確認すれば安心だ。レンタルなどの算段もある。もちろんここに挙げていても、必要のない機材は用意しなくてよい。

POINT 撮影日に向けて、チェックリストでの確認を行おう。現場に行ったのに狙った通りに撮影できないという事態が多くなると、クオリティが落ちてしまう。代替案を含め、備えておこう。

コツ⑧
スタッフ・キャスト関連チェックリスト

連絡	□ スタッフ・キャストに集合場所・時間は行き渡っているか? □ 当日の緊急連絡方法は確保しているか? □ SNS やメーリングリストなどの連絡網で一斉連絡はできるか?
撮影現場のケア	□ 撮影現場のトイレは確保しているか? □ 着替えがある場合に場所はあるか? □ 水分補給やつまめるもの (甘味のチョコや、夏場は水と塩飴など) は現地で用意できるか? □ 救急箱・虫よけスプレーなど □ 食事の算段はついているか? (休憩時間と飲食店 or お弁当算段 or 売店や食事スペースなど) □ 車両を使う場合、駐車場は確保しているか?
その他	□ 各キャラクターの衣装は揃っているか? □ 各キャラクターの演出・演技プランは固まっているか? □ 小道具は揃っているか? □ 撮影・録音の方針・演出プラン・算段は固まっているか? □ 映画全体の中でそのシーンのイメージと、現場での実現方法は固まっているか? □ 養生テープ、ガムテープ、ピンチ、ウエストポーチなどはあるか? □ 記録用紙・クリップボード、ペンはあるか? □ カチンコ・マーカーペンは必要か? □ その他特別な用意はあるか?

⊕more!

●チェックリストは代替案あってこそ
例えば、雨天で思ったシーンが撮影できない場合、
①別シーンを撮影する　②ロケ場所を変更する
③シナリオを変更する　④天候設定を変更する
などの代替案がありえる。雨の可能性がある場合、傘はビニール製の光を通すものが良い。このように不測の事態にも備えよう。

チェックリストは、制作進行が確認する。必要なものの種類は撮影規模によっても違ってくる。また、撮影チームが3人の場合と50人の場合では、まったく違うリストになる。

順調に撮影するコツ 2

TAKE ㉕ パート別、撮影現場での心得はこれだ！

2 順調に撮影するコツ

コツⓐ
「〇〇部」と声をかけるだけで伝わるように組織する

制作部	演出部	技術部
●**プロデューサー** 映画を作る人。監督と兼任することも。映画の質は監督の責任だが、完成できなければプロデューサーの責任だ。	●**監督** 映画の方向を示す人。内容の良し悪しは監督の責任。雑用などで現場を離れては絶対にいけない。役者や各担当が相談したいとき、常にそこにいて進む方向を決め、みんなの力を引き出す。	●**撮影** カメラから離れないこと。三脚からカメラが落下して壊れたりしては撮影が始まらない。
・**制作事務** 撮影許可や交通の手配。必要書類の作成・印刷。最新シナリオの配布など。		・**撮影監督**（DOP） 映像を監督と相談して決める。露出、構図、位置、レンズなど。
・**制作進行** 現場で制作を進行させる。食事や移動の手段や、食事や水分の手配、役者など現場のケア。	・**助監督** **ファースト**は、助監督のまとめ役として外部との交渉も。**セカンド**は、現場のまとめ役。**サード**は、カチンコ打ちや役者の呼び出し、立ち位置のマーキング（バミリ）など。	・**カメラオペレーター** 高い能力が必要。ピント合わせはフォーカスマン、ズームや露出、レールやクレーン操作に担当を分けたりする。
※撮影に熱くなっている演出部に代わって、冷静に現場を管理する立場だ。監督に「**遅れてます**」とささやいたり、全員に「**終了予定はあと〇分です**」とアナウンスしたりする。	※助監督は演出補助も担う。現場で最初にシナリオ通りの動きを振り付けたり、エキストラの演出を行ったり、記録用紙の記入を行う。	・**助手** レンズやバッテリー交換、三脚やメディアの準備など。
		・**照明** ライトやレフ板で光を作る。補佐するのが照明助手。
		●**録音** 撮影現場での音声収録（同時録音とサウンドオンリー）。セリフのほか、環境音も収録しておく。撮影後の録音は別担当のケースが多い。
		・**録音** レコーダーやワイヤレスの収録を操作する。仕込みなども。
		・**ブームオペレータ** ガンマイクを操作する。マイクを口元に合わせ繊細さと、竿を支え続ける体力もいる。

┌─────────────────────────┐
●**声出しが無駄な待ち時間をなくす**

「**待って**」の後は再開の「**OK**」も忘れずに。そうでないと確認が終わったことが伝わらず延々と無駄な時間を過ごしてしまう。特に**助監督**は、**待つ理由と時間**をみんなに伝えること。この二つを心がけるだけで、撮影スピードと品質はかなり上がる。時間通りの撮影は仕上がりも良い。「**駄作なし**」と言われるイーストウッドやヒッチコック、黒澤明監督も**早撮り**で知られている。
└─────────────────────────┘

POINT 撮影現場は、いつでも時間との闘いだ。自分の担当仕事で全体を止めないようにチームワークを築くこと。撮影スケジュールの把握と、段取りの計画を緻密にすることが重要になる。

コツ❽

ロケット打ち上げのごとく、各部署は準備のタイミングを合わせて…撮影！

そのほか

●美術
大道具や小道具などを担当。スケジュール担当と打ち合わせ、撮影の流れを止めないように準備すること。

- **大道具**…セットや屋台や自動車、自転車など。
- **小道具**…ペンや手紙、チラシ・ポスター、本や札束など。
- **料理（消え物）**…何度も撮り直すので、多く用意する。ロングショットで淹れたてのコーヒーを注ぎきってしまい、後のアップで冷めた黒い液体、なんてことも。タイミングも重要。
- **衣装**…役柄や世界観にあわせて衣装を準備。俳優私物の衣装は、自然に見えることが多い。撮影順があと先になることも多いので、格闘などで汚れるシーンがあるなら複数必要。
- **ヘア、メイク**…役者自身で行うことも。映画のメイクは綺麗に見せるだけではなく、汚すこともある特殊な技術。他の準備と並行できるように計画し、メイク待ちをなくすようにする。
- **特殊メイク**…年齢を変えたり怪我を作ったり。ちょっとしたものならノーズパテと血糊とファウンデーションで。大掛かりになると、医療用アリジネイトで取った形をベースにしたり。

●車両
機材や役者を運ぶ。駐車場の確保や機材の積み下ろし、渋滞を見越した移動時間の読みなど、実は技術と下準備が重要だ。

俳優部

●俳優（役者）
役の解釈もいくつか用意しておこう。できればリハーサルで共演者の解釈も把握しておくと良い。出番待ちを利用してきちんと演じる準備をして、キャラクターを作る仕事を楽しむこと。

●「映画作りあるある」が映画に
撮影監督は監督のパートナーといっていい存在で、ここがしっかりしていると初監督作品でも現場や作品が上手くいく。また日本の撮影所では効率を考えて照明を撮影部と別にしているところもある。トリュフォー監督『アメリカの夜』は、ヒッチコック監督とのインタビュー中に出た映画作りへの愚痴から着想した作品で、フランスのスタジオを舞台に**映画作りあるある**を描いたコメディ映画だ。

＋more!

数人のみで撮影したルルーシュ監督『男と女』のように、必要や狙いに応じてスタッフ数は増減する。少人数でも役割分担し、仕事を並列化して時間と闘うのは同じだ。

TAKE 26

撮影当日の服・荷物・集合は アウトドアをイメージする

コツⒶ

スタッフの基本は黒！

● 服は黒っぽい単色で

街には写り込むもの（ショーウィンドウ、車のボディ、窓ガラス、ガラスドア etc …）がいっぱい。編集で、スタッフが写りこんでいるのに気づいて泣かないように。

● 夏でも長袖がベター

夏でも疲労をためないよう、日焼けには気をつけよう。

● 助監ベルト（通称）は必須

養生テープやピンチ（立ち位置をマークする"バミリ"や用具の仮止め用）、いろんな道具をすぐに出せるように。その数秒の積み重ねが撮影スケジュールとの戦いに勝つコツ。

● 記録紙は立って書けるように

クリップボードに挟んで、ペンをぶらさげると良い。撮影記録があると編集時に助かる。（資料TAKE59）

● シナリオは最新のものを

シナリオやスケジュール表（香盤表）は、みんなに最新のものが行き渡るように気配りすると、モチベーションも上がる。

● なるべく帽子とタオルを

外ロケだと屋外で何時間も作業することになる。黒いタオルを首に巻いておくのも良い。

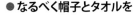

● 便利な携帯ウインドブレーカー

音が出なくて小さく折りたためるヤッケなどがあると便利。

● 動きやすいズボンを

丈夫なストレッチ素材のものやジーンズが良い。撮影中は地面に座ったり寝転んだり。

✚ more!

ホームセンターの作業着売り場だと、現場で作業する服やベルトが安価で手に入る。高価なカメラマンベストよりも、作業用ベストの方が便利かつ安い。

● 靴はスニーカー

足音がしなくて動きやすい靴を。

POINT すべてを準備して行く必要はないが、すべてを持って行くに越したことはない。外でのロケの場合、基本的にアウトドアやハイキングで必要になるものと同じように考えれば GOOD。

2 順調に撮影するコツ

コツⒷ
道具は移動しやすく出し入れしやすく

● **衣装・メイク・小道具は担当を決める**
衣装は各キャストが持ってくるのもあり。係の人がいると便利。

重い…

● **機材車があると便利**
車は便利だが駐車場探しが必須で、専属の運転手が必要になる場合も多いので、導入は慎重に。

● **撮影機材をまとめる**
キャリーカートが便利だが、機材によっては、リュックですむ場合も。

● **飲料・お菓子を用意**
みんなのお茶や甘いお菓子などがあると疲れにくい。

コツⒸ
当日は集合も肝心！

● **集合時間には余裕を**
交通トラブルに備え、余裕を持って30分前を目指す。（遅れたら撮影時間が削られることになるので注意）

● **必ず事前連絡を**
事前に撮影場所の住所や目印など、ポイントを連絡しておく。

● **緊急連絡の係を決める**
係の電話番号を事前に伝えておく。

● **分かりやすい集合場所を**
駅前や、近くにコンビニなどがあるところが良い。

● **引率者を決める**
集合場所から現場までの引率者を決めておく。

 ⊕ more!

誰かが遅れたり、予想外のトラブルには、慌てないで柔軟に対応することが大切。人数が集まると思いがけないことが起こるものだと考えると、焦らずにすむ。

TAKE 27 映画の撮影は ショットの積み重ね

2
順調に撮影するコツ

コツⒶ

コンテをもとにショット撮影を考える

● 撮影はショットごと

映画は物語として見ると、**構造**や**幕**、**エピソード**や**シークエンス**から構成されている。そこから撮影に橋渡しするのが**コンテ**。撮影にあたって考えるのは**シーン**や**カット**、**ショット**と**テイク**だ。現場では［**シーン12, ショット5, テイク1**］などと呼ぶ。

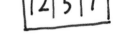

シーン12, ショット5, テイク1, スタート！

● シーン Scene

物語を同じ時間と場所ごとに区切ったもの。シナリオも**シーン(柱)**ごとに書かれている。映画の先頭から番号をつけて［**シーン12**］［**シーンナンバー12**］［**S#12**］などと呼ぶ。

SCENE SHOT TAKE
12 5 1

● ショット Shot

カメラで撮影する（シュート Shoot）、廻してから止めるまでのひとつながりの動画。［**ショット5**］［**Sh#5**］などと番号をつけて管理する。シーン撮影は、ショットごとに行う。まれに、複数シーンを1ショットで撮影する手法もある。その場合は［**S#1～3, Sh#1**］などと呼ぶ。

● ショットとカット Cut

完成した映画に見られるのは**カット**をつないで構成された**シーン**だ。カットは一つのショットから複数作れるが、カットごとに撮影するスタイルもある。その場合は**ショット＝カット**になるので、撮影の時から**ショット**の代わりに**カット**と呼ぶことがある。（TAKE22参照）

● テイク Take

あるショットをNGや試行錯誤などで何度も撮る時、その一つを**テイク**という。例えば、**ショット5**を最初に撮った時は［**テイク1**］、NGや演出の変更があって撮り直したものを［**テイク2**］、さらに撮り直していくと、［**テイク3、4、5**］と番号がつけられる。

➕ more!

シナリオ段階から、撮影効率を意識したシーン構成を考えてみよう。同一の場所を繰り返すほど意味が深まるので、ストーリーテリング的にも効果が生まれる。

```
● 効率を意識した撮影計画
```
仮にシナリオで［**S#1 場所A→S#2 場所B→S#3 場所A**］とある場合、そのままの撮影順ではなく、**場所A**で**S#1**と**S#3**を撮った後に移動して、**場所B**で**S#2**を撮影する方が効率的だ。低予算映画で有名なR・コーマン監督のように、同じカメラ位置と構図のショットを抜き出して、シーンに関わりなく一気に撮影した例もある（もっとも、役者がシーンと演技を把握するのに疲れてしまったそうだ）。

POINT
撮影は、ショットと呼ばれる一連の映像の積み重ねだ。コンテからショットの撮影計画を立て、リハーサルを通して映像の演出を決める。現場の声かけをしっかりして、撮影を進めよう。

2
順調に撮影するコツ

コツ❽
本番のショットの撮影手順はこう進む！

① 本番直前下準備
本番入りま～す！
各部よろしければ本番行きます
監督助監督／撮影部／制作部
シーン／ショット／テイク番号を、カチンコと記録用紙に書く

② 本番最終確認
録音10秒ください…OKです
行けます
OKです／OKです／廻してください
俳優部／録音部

③ 撮影開始の合図
録音廻りました／カメラ廻ってます
シーン12,ショット5,テイク1 はい,カチンコ！
カチン！
はっきりカチンコを打ってすぐに画面から出す
よ～いアクション！（"スタート"などさまざま）

④ 終了の合図
カット！！
必ず監督が決める
カメラ・レコーダーを止める
カチンコをカメラの外で2回打つ
カチン カチン
OK！(NG/keep)
必要なら映像などを確認する
Keepなら理由なども書く

● **構図は役者配置が先**
役者の位置・動きをまず決めてから構図を考え、カメラ位置とレンズを選択する。初心者は、逆にカメラ位置を決めてから役者を配置しがちだが、時間がかかる割に思い通りの構図にならない。

● **カットまで演技を続ける**
監督は役者に大体の動きを指示し、リハーサル後に修正する。役者は本番にベストの力を残しておく。スタート後、**5秒ほど間をとってから演技を始め**（編集時に間が必要）、「**カット**」の声まで**ミスやハプニングが起こっても役柄を続ける**こと。それは素晴らしい偶然かもしれない（判断するのは監督だ）。

✚ more!

カメラの構図をファインダーやモニターごしに考えると、狙いがあいまいになる。実際の配置と動きを見て演出を考えよう。映像での確認は、最後の微調整のみとすること。

28 カメラマジック①
心をつかむ構図テクニック

コツ A
構図がもたらす心理効果を使おう

● 画面が安定する三分割法 Rule of thirds

画面を三分割した線や交点上に重要なものを置くと、構図が安定する。画面の縦横比は **16：9**（デジタルビデオの標準）か横長の**シネスコ**（**2.35：1** が多い）が代表的。（TAKE60 参照）

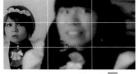

Not ⬇　　　**Rule of thirds** ⬇

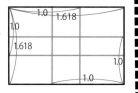

● 三分割法は応用も
縦横に三等分する方法のほか、全幅を **1.618** として両端から **1.0** で線を引いて三分割する、**黄金比**を用いる方法もある。

	1.0	1.618	
1.0			
1.618			
			1.0
		1.0	

● 映像の重心を演出に活用

映像には重心がある。アンバランスな構図の場合、バランスのとれる形に変化することを期待させる効果がある。

例えば人物の背後の空間から何かが現れると予感させる手法は、ホラー映画の定番だ。

 + more!

人の顔は、特別な狙いがない限り目をポイントに構図を決めよう。ピントも目に合わせるのがセオリーだ。片目にしかピントが合わない状況なら手前の目に合わせる。

POINT 画面作りは構図から。対象をどんなサイズで、あるいはどんな構図でとらえるかで、得られる効果が変わる。人物の場合は頭部でなく、「顔」を意識して構図を決める。

コツ❽
サイズと顔の配置を意識しよう

Long

● 画面内の対象のサイズ
- ロング Long（遠景、引き画）：遠くから小さくとらえる
- フル Full：人物全身が入る
- ニー Knee：膝から上
- ウエスト Waist：腰から上
- バスト Bust：胸から上
- ショルダー Shoulder：肩から上
- アップ Up：大きく写す
- クローズアップ Close up：さらに大きく写す

● 表情を狙うには「顔」の構図
表情が一番現れる顔は、眉から顎の先、頭部全体の下半分。頭部ではなくこの「顔」を画面の中心に配置しよう。また、人の顔は下がすぼまっているので、カメラは目線より少し下に置くと表情を捉えやすい。

顔位置 NG　顔位置 OK

顔がフレームの下側　顔がフレームの中央

➕more!

顔をクローズアップするときは、最初に頭の上をはみ出させ、さらにアップにしたい場合は次に顎をはみ出させるようにフレーミングすると、表情を中心から逃さない。

2 順調に撮影するコツ

㉙ カメラマジック②
レンズの選択で印象が変わる

コツ🅐
標準、広角、望遠レンズでは写る範囲が異なる

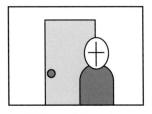

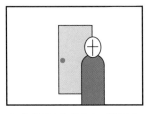

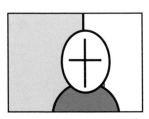

● **標準レンズ Standard**

カメラから46度前後の角度の範囲が写る。

・肉眼で見た感じに近い大きさで写る。

・センサーサイズで焦点距離は異なる（TAKE60 参照）
　フォーサーズで約25mm
　APS-C で約35mm
　フルサイズで約50mm

● **広く写る広角レンズ Wide**

カメラから広い角度の範囲が写る。

・焦点が合う範囲が広い。

・ボケにくい。

・画像が歪む。

・前後の距離感が大きくなり、背景が小さく写る。

● **狭く写る望遠レンズ Tele**

カメラから狭い角度の範囲が写る。

・遠い被写体を引き寄せる。

・焦点が合っているところ以外がボケる。

・前後の距離感が小さくなり、背景が大きく写る。

● **目とカメラの違い**

人間の目に見える範囲は 120 度程度で、これはかなりの広角レンズだ。しかし物の大きさはより大きく感じ、標準レンズぐらいに見える。

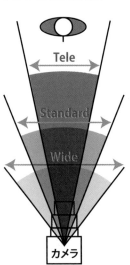

● **使い分けのポイント**

被写体を同じ大きさで写しても、広角レンズはカメラに近く、望遠レンズは遠くなり、また、奥行きの見え方が違う。こうした観客への心理効果を考えよう。スピルバーグ監督『激突！』でも雰囲気の違いを演出に利用している。

➕ more!

小津安二郎監督は、そのほとんどを50mm レンズ（映画としては少し望遠）で撮影した。撮影監督が 35mm の標準を勧めても却下した。人物の歪みなどを嫌ったのだろう。

POINT 構図が決まったら、レンズの操作も重要だ。対象をどんなレンズでとらえるかで、印象を操作する。カメラと人間の目では、見える範囲も見え方も違う。これを利用して、さまざまな効果を生み出そう。

`コツ❸`
同じアップでもレンズが違うと効果が違う

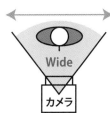

● 見え方がまったく変わる
同じ大きさで、広角と望遠を比較すると特徴がよく分かる。

☞ 歪んで見える広角レンズ
・カメラと被写体の距離は近い。
・カメラを離すと大きさが極端に小さくなる。
・鼻の先や耳の大きさなど、物の形が歪む。
・背景が小さい。
・写る範囲が広い。

☞ 端正に見える望遠レンズ
・カメラと被写体の距離は遠い。
・対象との距離を変えても、大きさがあまり変化しない。
・物の形が歪みにくい。
・背景が大きい。
・写る範囲が狭い。

2 順調に撮影するコツ

● レンズのカラクリ
カメラから遠くなるほど、奥行きの比率が短くなる。レンズで、映る物の大きさは自由に変えられるので、同じ大きさにすると、遠い被写体の方が奥行きを小さく感じるのだ。

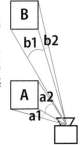

⊕ more!

人を写すとき、少し望遠のレンズは美しいポートレートに使われることが多い。逆に、迫力のある喜劇的効果を出したいときは、広角で人のアップを撮ることがある。

TAKE 30 カメラマジック③ カメラ位置には鉄則がある

コツＡ

カットの前後で位置を混乱させない撮影

●イマジナリーライン I.L. を引く

二人が向かい合っているとする。この二人を通る線を**イマジナリーライン**（想定線）という。カットが変わっても位置関係を混乱させないために、途中でカメラがイマジナリーラインを越えないようにする。

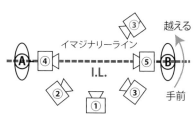

- I.L.手前ならどこでも画面上**A**-右向き、**B**-左向きになる。
- I.L.の向う側、③´から撮影すると**A**は画面上で左を向く。
- カット②と③をつなぐと、**A-B**は向かい合って見えるが、②と③´をつなぐと位置関係が混乱して見える。

●イマジナリーラインの越え方

シーンの途中で I.L. を越えたカットを違和感なくつなぐ方法は二つ。

(1)撮影中に I.L. を越える

(2)I.L.上（＝正面）のカットを挟む

●人でも物でも複数の場合は手前に引く

人だけではなく、物や移動する車など画面上で方向を一致させたい場合すべてに使える。対象が三つ以上の場合、一番手前の二つをつなぐ線を**イマジナリーライン**とすると簡単。変わっていく関係に合わせて、随時ラインを変える方法もある。（例：ABCで、AとBの会話中はA-B、AとCのやり取りになるとA-CのI.L.で撮影をする）

＋more!

このイマジナリーラインを使って、別の場所にいる二人を向き合って見せたり、向き合っている二人を別方向に見せたり。鈴木清順監督作品で効果的に使われていた。

POINT
カメラの位置を工夫することで、さまざまな印象を作り出せる。
片目を閉じて、撮影対象をさまざまな角度や距離で見てみよう。
どんな絵をつなげば、効果的に演出できるだろう？

コツ**B**
いろいろなショットでの表現

● 状況説明ショットを使う

アップショットだけで構成すると、状況が分かりづらい。そこでシーンの主要な要素をフレームに入れて、一目で位置関係が分かる「**状況（説明）ショット**」を使う。

● 状況説明方法は工夫次第

状況説明を挟むタイミングや見せ方は、工夫次第だ。必ずしも広角のロングショットでなく、望遠で切り取った空間に要素を詰め込んだり、画面の奥行きを生かして前後に配置するなど、工夫してみよう。

● 高さで印象が変わる

カメラから上を見上げることを**アオリ**、見下げることを**俯瞰**という。カメラの高さによって、空間を広くも狭くも、対象を大きくも小さくも見せられる。カメラを移動して、同じショットで変えることもできる。

アオリ

俯瞰

●アップは特に注意

人間の顔は左右非対称で、一般的に向かって**右半分**が美しいと言われる。また、見下ろした場合と見上げた場合でまったく印象が異なる。骨格によってもその印象は変わる。表情が写りやすいのは、少し下からの撮影だ。

● 似たカットをつながない

同じカメラ位置で同じサイズのカットをつなぐと、時間が飛んだように見えてしまう。これを逆利用した演出もあるが、通常はサイズか、角度を変えて撮影したショットをつなぐ。撮影時からつなぎを意識して、構図やサイズの異なるショットを撮影しておこう。

● 構図の確認は片目で

カメラを使わず片目で見ると、手早く良い角度やサイズが見つけられる。

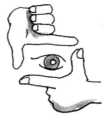

⊕more!

能面を直接見る機会があれば、ぜひ見る位置や角度を変えて、その変化を観察してみよう。角度によって表情が変わる。顔のアップを撮るときの参考になるはずだ。

TAKE
31

カメラマジック④
踊りだすカメラ

コツＡ

カメラを動かしてシーンの雰囲気を作る

Pan

Tilt

●**ティルト Tilt**
アップ/ダウン
位置は変えず垂直
にカメラを傾ける。

●**フォロー Follow**
カメラ移動やズームなどを
使って、人物を基本的に一
定の大きさに保ったまま追
う移動撮影。パンを組み合
わせる**フォローパン**もある。

●**パン（パンニング）Pan**
位置は変えずカメラを水平に振
る。最初に終了時の姿勢に構え
てから、開始時の角度に身体を
ひねって待機すると、無理のな
い自然なパンができる。

役者

近

遠

●**ズーム Zoom アップ/ダウン**
ズームレンズで、**広角⇔望遠**を
変化させる。

Wide⇔Tele

●**トラックTrackアップ/ダウン**
カメラを**近づける⇔遠ざける**。手持ちカメ
ラやレール、ドリー、スライダー、クレーン、
スタビライザーなどを使う。役者を動か
す演出方法もある。

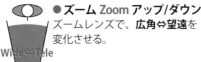

カメラ

●**直線移動でも複雑に**

レール移動は動きが直線
か円形になる。そこでレー
ルと歩く方向を交差させ、
直線レールなのに歩く役
者を回り込むように撮影
する（黒澤明監督『夢』
など、工夫はさまざま。

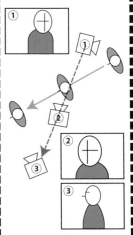

①

②

③

⊕ more!

トラックしながらズーム
を逆に操作すると、人物
の大きさは同じまま背景
の距離感だけを変化させ
ることができる。ヒッチ
コック監督『めまい』で
発明された技法だ。

POINT カメラを動かすことでシーンが躍動し、観客の想像をかき立てることができる。見せたいものが何かを考え、役者に合わせてカメラをダンスさせよう。

2
順調に撮影するコツ

`コツ⑥`

役者と呼吸を合わせダンスする

● 役者もカメラも移動する

カメラの動きで、さまざまな印象を持たせる演出が可能だ。

🖋 役者と逆に動いて、対象の動きを強調。

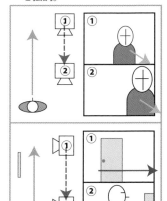

🖋 フォローに見せかけ役者を追い越し、見た目ショットに移行。

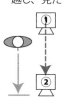
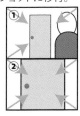

● カメラだけ移動する

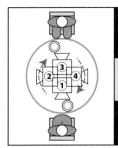

🖋 二人の間をゆっくりパンし、表情を見せない時間を作る。

● 役者とダンスするカメラ

人物を**フォロー**するとき、前に持ったカメラを振って**パン**する手法がオーソドックスだが（**A**）、カメラと人物の間を支点に回り込むように動かす手法もある（**B**）。（**B**）の場合、カメラマンも役者と同じく何歩か移動する。役者のリードで踊るようにカメラワークの息が合えば、映画ならではの動く構図の良さを出せる。

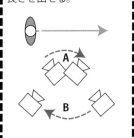

+more!

『四季・ユートピアノ』などの佐々木昭一郎監督作品は、手持ちで登場人物の息吹が伝わる素晴らしい移動だ。大切なのは機器ではなく、対象と呼吸を合わせてダンスすること。

他にも、役者のアップからカメラが上昇し町全景を写したり、落ちてくる雨粒の目線で町全体からどんどん下降し主人公の顔にぶつかったりなど、カメラはさまざまなダンスができる。

TAKE 32
カメラマジック⑤
映像のぼかし方とカメラの移動

コツⒶ
背景のぼかし方で表現方法が変わる

●ぼかしを利用した演出

画面の中で**ピント（フォーカス）** が合っている部分の前後を
ぼかすことで、見せたいものだけを浮かび上がらせ、画面
を美しく見せるのが**ぼかし**。逆に、すべてにピントを合わ
せる**パンフォーカス**という技法もある。

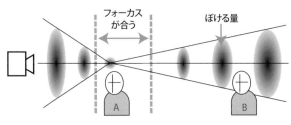

フォーカス
が合う

ぼける量

A　　B

●役者はピント合わせに協力

撮影部はまつ毛の付け根や瞳の
光でピントを合わせる。合う範囲
が前後2cmしかない場合も多い。
その間、役者は静止していること。

●調整は被写界深度で

カメラのピントは厳密にはただ
一つの距離に合うが、多少のず
れは見分けがつかない。この許
容範囲が**被写界深度**（Depth
of Field ＝ **DOF**）。範囲が狭いほ
ど「**浅い**」、広いほど「**深い**」。

●被写界深度と絞り調整

人物などを撮影する場合、絞り
の調整で被写界深度を変えられ
る。絞りの開け閉めによって明
暗も変わるが、感度を変更して
対応する。明るすぎて絞りを開
けられないときは、**NDフィルター**
で暗くする。内蔵されていない
場合は、**NDレンズフィルター**を
付けよう。

➕more!

カメラからのピント距離
は、レンズでなくセンサー
面から計る。カメラには
センサー面の位置を表す
マークや、距離を計るメ
ジャーを引っかける金具
が付いているものもある。

●被写界深度を決める要素

浅い		深い
大きい←カメラのセンサー→小さい		
近い←カメラからの距離→遠い		
望遠←　レンズの種類　→広角		
開ける←　　絞り　　→絞る		

深度を浅くするときは、近くで、望遠レンズにし、絞りを開ける。

POINT 移動撮影やぼかしは面白い。しかし、流行を追って物語に合わない大げさなカメラワークをしてしまうと、すぐに飽きられもする。逆に言うなら、大胆なカメラワークも物語に合うなら試す価値はある。

コツ❽
さまざまな効果に合わせた移動撮影

● ドリー

三脚につけて移動させる**キャスター**（タイヤ）。でこぼこのある場所では、大きなベニヤ板を敷くなど工夫しないと使えない。荷物運び用の台車でも代用できる。車椅子をレンタルして、カメラマンを乗せるのも良い方法だ。

スライダー

● スライダー、テーブルドリー

三脚の雲台をつけられる**スライダー**や**テーブルドリー**は、簡単に持ち運びできて便利。ホームセンターで板とキャスターとネジ程度を揃えれば、自作もできる。ただし、使用頻度は低い。

● レール

各種レールが市販されている。設置には時間と熟練が必要。

スタビライザー

● スタビライザー

カメラの安定装置。静的に重りのバランスで安定させる**ステディカム**と、動的にモーターで安定させる**ジンバル**がある。いずれも熟練が必要。現場に一脚があれば、カメラに近い側を持って持ち上げるだけでも安定させる効果はある。

● ドローン

マルチコプターにジンバルを付けたカメラを搭載して撮影できるようにしたもの。ほとんどがラジコン式。操作には熟練が必要。大型は免許が必要。また市街地などで飛行させるときには、管轄官庁の許可が必要になる。

● クレーン

数人乗れる巨大なものから、**ジブアーム**と呼ばれる三脚に載せて使える小さなものまで各種ある。動く腕の先にカメラがあるため、基本的に**弧を描いた移動**になる。

リグ

● 手持ち撮影で安定させるカメラの基本

・ファインダーを覗いてカメラの一部を額や頬に押しつける。人は目のある顔を無意識に安定させている。
・ファインダーを覗かない場合は、モニターも見ずに、当たりを頼りにした方が気持ちのいい動きになる。
・肩乗せ用の**リグ**を使う。高さや動きは制限される。
・壁などで身体を固定したり、腰を落として重心を下げる。
・歩く方法は二つ。柔道のすり足のように足を滑らせるか、逆に普段より腿を上げてはっきりと歩いたり走ったりする。

⊕ more!

手ぶれ補正にはレンズでの光学式と、画像処理での電子式がある。三脚でのパンは、手振れ補正機能がスムーズさを邪魔する副作用もあるので、不要時はオフにしておく。

デジタル調整で
シーンの光を合わせる

33

コツⒶ
光の色を調整する

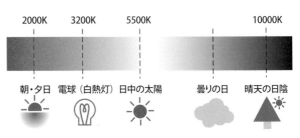

2000K　3200K　5500K　　　　10000K

朝・夕日　電球（白熱灯）　日中の太陽　　曇りの日　晴天の日陰

● 光には色がある

光の色は**ケルビン（K）**を単位とする**色温度**で決まる。ケルビンが低いほど赤く、高いほど青くなる。同じものでも違う色温度の光で見ると、赤くなったり青くなったりする。カメラに正しい白を教えるための**ホワイトバランス（WB）**はこの違いを生まないための仕組みだ。

● 色温度調整で昼や夜や夕方を作ることができる

ケルビン値を外せば、夕方や朝の雰囲気、昼間に夜を作る（疑似夜景）こともできる。デジタル処理が発達した現代は、ノーマルで撮影し、仕上げで色や明るさ調整で行うことがほとんどだ。

● ホワイトバランスの調節

WBは**18%グレーカード**や**白い紙**を用いて、いつも同じ紙でセットする。カメラに向け、紙に当たる光の角度を撮影対象と同じに調整、ファインダーいっぱいに映し、セットボタンを押す。ケルビン値を入力するマニュアル式や、オートなどもある。

● コマとフレームと解像度

プログレッシブ　　　　インターレース

奇数（ODD）フィールド　偶数（EVEN）フィールド　フレーム

- **フィルム映画**：静止画を1秒24コマ（フレームレート）で再生する「パラパラ漫画」の仕組み。
- **アナログビデオ**：1コマの走査線を半分に分け（**インターレース=飛び越し走査**）、1秒間で60コマを表示。60iと表示。
- **デジタルビデオ**：解像度やフレームレートはソフトウェアで処理。1コマを映画と同じ、画像一枚とする**プログレッシブ方式**が主流。1秒24コマなら24pと表示。
- **解像度**：DVDのスタンダードで720×480ピクセル、BDのフルハイビジョンで1920×1080。4Kは横4000、8Kは8000ピクセル程度のサイズを言う。

✛more!

センサー信号のままの収録（RAW）や、暗い部分に多く諧調を割り当てるLOGでの収録もある。いずれもポスプロで適切に処理すれば、美しい映像が得られる。

POINT カメラがとらえる光には、温度や明るさの原理がある。原理を押さえて、最初は一回ごとに丁寧に計測して撮影するのが上達のコツだ。最初は混乱しても、半日もすれば身体が覚える。

コツ❽
明るさはショットでなくシーン全体で合わせる

● 明るさの調整と露出計
明るさは4つの要素で決まる。計測は入射式露出計が正確だ。

①フィルター：光量を落とすNDフィルター（内蔵カメラも）など。

②絞り：レンズの有効口径を調節して明るさを変える。F値で表し、数字が大きいほど暗くなる。よく使うのは F2、2.8、4、5.6、8 あたり。

③シャッタースピード：映画の場合は 1/48 秒が基準。

④感度：フィルムの ISO かビデオの dB で表す。

● 撮影に便利なカメラ機能
・ゼブラ
白く飛んでしまう部分に縞模様を表示して警告する。

ゼブラ

・ピーキング（フォーカスアシスト）
画素のコントラストの高い部分を検出して、フォーカスが合っている部分に色を表示する。マニュアルでピントを合わす場合に便利。

ピーキング

・ウェーブフォーム
画面の明るい画素は上に、暗い画素は下に並べ直したもの。上下だけなので、横方向は画面に写っているもののまま。画面の白すぎたり暗すぎたりしている箇所をチェックできる。

ウェーブフォーム

● 入射式露出計の利用法
(1) ISO 感度やシャッタースピードをセット。
(2) 撮影対象の位置に露出計を持っていく。
(3) 光球をカメラにまっすぐ向ける。光源が上で顔の下半分が影になる場合は光球の上を手でさえぎっても良い。
(4) 計測ボタンを押し、表示された F値を見る。
※あえて異なる F値にしたい場合は、感度やNDフィルター分の増減を計算する。

 +more!
カメラの反射式露出計で露出を測るときは、18%グレーカードを用い、WB計測同様の手順で行う。人の肌の反射率もほぼ18%なので、カードがなければ手で代用する。

TAKE 34

照明（ライティング）を工夫し 光と影をコントロール

コツ A

三灯ライティングでコントラストを調整

●三灯ライティングをマスター

三灯ライティングとは、**キー**（メイン）と**フィル**（おさえ）、**バック**の三つのライトを用いる照明方法だ。**キー**と**フィル**の比率や明暗の**コントラスト**によって、明るさの印象を作ることができる。

・バックライト

人物の後方から当てるライト。輪郭を浮かび上がらせる。

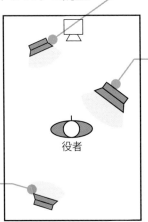

役者

平面図

・フィルライト（おさえ）

キーライトで出る影を薄くする。昼間に外で使うレフ板と同じ役目だ。

・キーライト

その場面で主に当たる光。場面の設定を前提に、あり得る光源にする。

●コントラストを決める

フィルライトの強さや距離で、**コントラスト**を調整できる。露出計をライトに向けて明るさを測れば、キーライトで照らされた明部と影の明るさが出る。この比率を意識する照明方法がある。1：1/2 や 1：1/4 や 1：1/16 など、作りたい雰囲気に合わせて比率を変えるのだ。

●位置で決まる照明の呼称を覚えよう

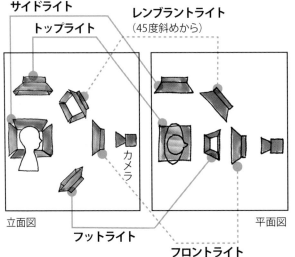

サイドライト
トップライト
レンブラントライト（45度斜めから）
カメラ
立面図
フットライト
フロントライト
平面図

➕ more!

レンブラントライトは、顔に対して斜め45度上から当て、頬の影になる側に逆三角形のハイライトを浮かび上がらせる。顔の立体感が出て、カメラの向きで印象が変わる。

2
順調に撮影するコツ

POINT 映画における照明の役割は、単に明るくするのではなく、光と影を相対的に調整することにある。シーン設定に添った光源を考え、コントラストをコントロールしよう。

コツ⑧
シーン設定に応じた光を設計する

●昼間／室内

・室内の光
電灯の位置で天井に反射させる。柔らかすぎるなら、デフューザーをかけ直接当てる。

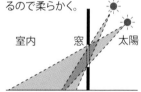

・太陽に近い光
時刻に応じた位置と高さに。晴れなら硬く、曇りや雨なら雲が自然のデフューザーとなるので柔らかく。

室内　窓　太陽

日没後なら、低くて柔らかい光を（残照、マジックアワー）。

●夜／室内

・室内の光
デフで電灯の光を再現。

・窓の光
街灯、車のライト、月などの設定を考える。

昼、暗幕や黒紙、黒ゴミ袋を被せた段ボールで窓の外をふさぐ。

┌─────────────────┐
●光源と柔らかさが鍵

私たちは無意識に、光の方向と柔らかさを感じている。明るいだけの照明は不自然。その場の何が光源でどのくらい柔らかいか考えて工夫し、コントラストを意識して自然で美しい影を作ることが重要。
└─────────────────┘

●夜／外

・車のヘッドライト
ライトを廻してシミュレート。

・街灯
位置を設定して照らす。

・窓からの光
デフをかけて柔らかい光で照らす。

＋more!

顔を照らす場合、フットライトは上に影ができ、非日常的な印象。トップライトは顔全体が影になる。明るい印象を出したければ、フィルライトで影を薄くする。

2
順調に撮影するコツ

TAKE (35) 録音技法に習熟し セリフをクリアに拾おう

コツ(A)
録音は複数記録する

●ノイズやトラブルに対応

思わぬトラブルに備え、なるべく多くの音源を収録しておこう。ガンマイクとピンマイクを 2 本のトラックに、カメラマイクを動画に記録。編集で最良のミックスを作れば良い。

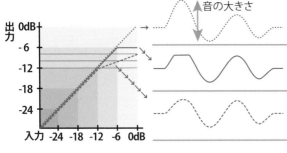

●録音のレベル調整

・**オート**…自動調整機能。静かなときには自動で大きくなるため、不要な音も大きく記録されてしまう。
・**マニュアル**…自分で調整。リミッタやコンプレッサを使うことも多い。

・調整なし

・**リミッタ**
大きな音が入ってきても、設定した音量より大きくしない仕組み。

・**コンプレッサ**
大きな音を圧縮して、大きくならないようにする仕組み。

●0dB にならないように調整

音の単位は **dB** で、**6dB** 増えると倍になる。したがって **0dB** の半分は **-6dB**。**-8dB** の半分は **-14dB** になる。デジタルの値では、**0dB** 以上は音が壊れてしまう。余裕をみて、録音レベルは一番大きな音が **-18dB** や **-12dB**、**-6dB** になるように調整しておこう。

▼レベルメーター（音量表示）

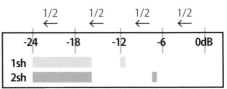

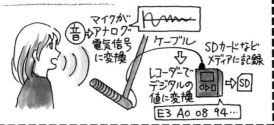

●音が伝わる仕組み　音は空気の圧力の変化

マイクがアナログ電気信号に変換
ケーブル
SDカードなどメディアに記録
レコーダーでデジタルの値に変換
E3 A0 08 94…

➕more!

モニター用ヘッドホンのレベルは、不要な音が入っていないか確認するためにできるだけ大きく。途中で変えると音の大きさを把握しづらくなるので、一定にしておく。

2 順調に撮影するコツ

2
順調に撮影するコツ

POINT 現場での録音は、できるだけ不要な音や反響を入れず、セリフのみをクリアに録音したい。マイクの配置や使用方法を工夫するとともに、複数録音して、最良のものを利用するようにする。

コツ❽
ノイズを減らすマイク配置の工夫

● S/N（信号/ノイズ）比を抑制
現場でセリフを録音すると、不要な音が入る。できるだけセリフ以外のノイズを排除しよう。（TAKE19参照）
・ガンマイクを話者に向け、できるだけ口元に近づける。
・狙っている方向の不要な音源を入れない（そのため竿に付けたガンマイクを、空から地面に向けることが多い）。

正面に向けると、背後の道路の音まで拾ってしまうのでNG。

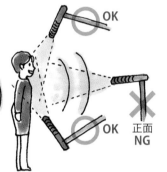

OK / OK / 正面 NG

● ピンマイクの固定法
ガムテープを折って、ピンマイクを包む。あとは役者の口の近く、服の中や襟の中など、見えない部分に貼り付ける。

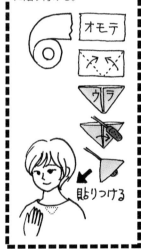

オモテ / ウラ / 貼りつける

● マイクは撮影部と調整する
カメラの構図が決まったら、ガンマイクをモニター上でわざと入れたり出したりしつつ、画面の外ぎりぎりになる位置にセットしよう。カメラの移動や照明をさえぎったり、影が落ちたりなどもあるので、撮影部との協力が欠かせない。

● 風よけは必要時のみ
ガンマイクの風よけは、ない方が音は良い。室内ならむき出しでもOK。風よけ効果が高くなるほど、音はこもりやすくなる。風よけがない場合は、タオルやハンカチなどで包むだけでも効果はある。

風よけ小 / 音良
・何もつけない
・スポンジ
・ファー
・ブリンプ
・ブリンプの外側にファー
風よけ大 / 音こもる

＋more!
ピンマイクのほか、小さなICレコーダーや無指向性マイクを役者の近くに隠しておいて録音したりもする。少しでも多くの良い音を記録するように工夫しよう。

TAKE 36 役者は写り方も意識して キャラクターを演じる

コツ🅐
写り方を意識して演技しよう

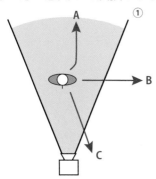
①

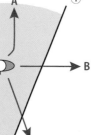

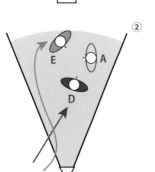
②

①カメラからの動きと写り方

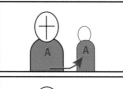

A：カメラから遠ざかる
小さくいつまでも写る。

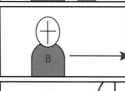

B：カメラから横に動く
すぐに画面からフレームアウトする。

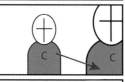

C：カメラの横をすり抜ける
アップになったのち、画面から消える。

②フレームインと写り方

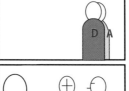

D：すぐに相手をふさいでしまい、誰の表情も見えない。

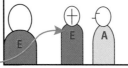

E：カメラから横に動く
最初背中で長く写り、Aはリアクションがとれる。最後少し後ろに立つと顔が写る。

●役者の動き方は長廻しシーンで研究

役者は、カメラの動きと写る範囲を意識して演技しなくてはならない。画面の中での動き方は、長廻しのシーンを見るとさまざまなパターンを学べる。加藤泰『瞼の母』や A・ヒッチコック『ロープ』、A・ソクーロフ『エルミタージュ幻想』、相米慎二の初期作品なども参考になる。

⊕more!

相手役だけのショットの場合も、カメラの邪魔にならない所からリアクションしてあげると、相手役は演技がしやすい。ただし自分の番のエネルギーはとっておくこと。

POINT — 役者の仕事は、自分の肉体と心を使ってその役を演奏することだ。ただしオーケストラの一部でもあるので、撮影部をはじめとした他のスタッフとのチームワークが求められる。

2
順調に撮影するコツ

コツ⑧

キャラクターを自分のものにして演じよう

● 役への入り方 (TAKE23 参照)

役者のあなたは、本番までシナリオを分析して想像を膨らませてきただろう。その想像が撮影現場にリアルにあるだろうか。確認してみよう。もちろん滑舌やセリフを覚えていることは大前提。

STEP① 物語の再確認
・このキャラクターの **Xa→Xb** は何か。
  何を求め、何が阻むのか。**変化とじらし**を想像する。
・シーンに関係するものを身近な物や人に置き換えて、自分の
  リアクション＝感じ方を確認する。
・行間にある内心の声を想像して追ってみる。

STEP② そのシーンに至る過程を想像
・シナリオ以前のキャラクターの来歴を想像する。
・シーンの前にキャラクターに起こった出来事を想像する。
・シーンの前にとった食事を想像する。
・このキャラクターの生理的な詳細を想像してみる。

STEP③ 物語外の要素を想像で覆う
・カメラやスタッフがいる場所に、**本当は**何があるか想像して
  みる (壁やテレビや風景や群衆や木など)。
・セリフは誰に届けるのか意識する。読み上げるのではなく、
  ふだんと同じく相手や自分に届ける。

STEP④ スタート! を待つ
・このショットの直前に何があったか想像する。
・すべての準備をおいて、キャラクターに没入する。

● 指示を創造的に解釈

キャラクターに対して、役者はその人生から解釈するが、監督は物語上の機能として見ている。「もっと激しく」など動作の指示があった場合、それが物語上どのような目的を果たすのかを考えて、自分の解釈を修正していこう。

● 同じ演技と違う演技

映画では、同じ時間・部分を違うショットやリテイクなどで何度も繰り返して撮影する。その際に同じ演技を繰り返すのか、違う演技やアドリブが許されるのかは、監督や現場の方針で異なる。役者によってもタイプがあるが、現場で臨機応変に対応できる方が、需要の幅が広がる。

 +more!

役者は、「待つ」のが仕事。演技を知らないスタッフがいるのと同じで、あなたも彼らの仕事を知らない。スタッフの行動を信じて気長に待とう。待ち時間が勉強時間にもなる。

結婚しよう♥

TAKE ㊲ 映画を支える制作の仕事 お手伝いするにはここに注意

コツⒶ
お手伝いに行ったら気をつけるいくつかのこと

●自分から仕事を見つける

撮影現場ではみんな自分の専門で忙しく、指示を出す時間も惜しい。誰かに頼らず、そのなかで自分にできる仕事を探すこと。

①**出番待ちの役者に日傘をさしかけたり、カイロを配る。**
②**一日中動き続けている技術部に、チョコや飴や飲料を届ける。**
③**出たゴミや紙コップ、ペットボトルなどを持ち帰る。**

そんなことに気づけると、現場になくてはならない存在になり、気づけばプロの制作になった人もいる。

●むやみに機材に手を出さない

よく分からないことには手を出さないこと。手伝うなら、勉強して的確な質問ができるようになっておこう。三脚の上げ下げやレフ板一つでも、知識がないと邪魔になる。

撮影終了後、**ショックアブソーバー**が**ガンマイク**のバッグではなく消耗品入れに入れていて行方不明になったり…。

三脚が、パン棒を緩めるのではなく、バネが連動するティルト機構の方を曲げたままでたたまれていて傷んだり。

●カメラ前に注意

カメラは何もしていないように見えても、構図を検討していたり、照明やマイク位置、色やピントを調整している場合が多い。不用意に前を横切らないこと。やむをえず横切る場合も「**カメラ前横切ります**」などひと声かけよう。

●「分かってるな」と思わせるために

(1) 撮影現場では声を出して、連絡と確認をする。「**分かっているだろう**」は事故のもと。一方で私語は慎む。
(2) 通行や専門スタッフの邪魔にならない。
(3) 不必要に目立たない。野次馬を呼ばないように。
(4) 扱い方を知らない機材は触らない。触るときは尋ねる。
(5) ぼうっとしないで何かしよう。どうしてもなければ仕事のフリだけでも(笑)して、みんなの熱量を下げないように。

✚more!

高価な機材を扱い、めまぐるしい現場で事故を防ぐには、声出しは必須だ。レンズ交換する場合も「はい、持ちました」「手を離します」など、手順ごとに声を出そう。

2 順調に撮影するコツ

> **POINT** 知人が関わる撮影現場のお手伝いを頼まれた。そんなときには最低限の注意点を守って参加しよう。あわせて制作進行の仕事を知ることで、現場の回し方にも配慮できることだろう。

コツⒷ

制作進行の仕事が現場を支える

●撮影への集中が使命

制作進行は、演出部の助監督とも仕事がかぶる。少人数の現場では監督が兼ねている場合もある。しかし、監督はできるだけ演出に専念するのが良い。撮影に集中できるように支えるのが制作進行だ。

●水分補給とつまむもの

撮影は、過酷な労働になりがち。現場にはペットボトルや名前を書いた紙コップ、小さなドーナツやチョコ、クッキー、飴などを置いて、アナウンスしておくと良い。寒い夜などは、温かいものがあるとほっとする。

●現場での交渉

撮影中に想定外の許可を取る必要が出たり、許可済みでも警察や管理人が確認に来たりする。また、野次馬や見物人や苦情など、いろいろな対応が発生する。撮影が中断しないように、制作進行と助監督でさばいてゆく。

●移動の算段

撮影前後の移動を計画。機材をバラしたり組み立てる時間を想定しているか。俳優部では、扱いの難しい衣装など着ていないか。長距離なら自動車や公共交通機関など、移動手段は確保しているか。計画には余裕を持とう。

●タイムキープ

撮影中はみんな時間を忘れて熱中しているので、時刻や終了予定時間をアナウンスする。ただしせかすのではなく客観的に冷静に伝えよう。

●食事の算段

お弁当や食堂、調理と配膳など、予算とも相談して。忙しすぎて食事時間がとれないとき、技術部はおにぎりやサンドイッチとペットボトルのお茶ですますこともある。

➕more!

現場ではカメラや役者や監督が目立つが、彼らが仕事をしやすい状況をどう作るかと気を配り、映画を支えているのは制作だ。制作がいなければ撮影は始まらない。

> ### ●撮影と編集をつなぐ記録の仕事 (TAKE59 参照)
> 記録係は、監督のお付きとして演出部に属することもある。基本的には撮影した**シーン＃、ショット＃、テイク＃**と各**ファイル名**や**撮影時間、撮影内容、OK・NG** などを記録するのが仕事だ。これは編集担当が見て効率的に編集ショットを探すために使う。また持ち道具や衣装を撮影しておいて、別の撮影時に違わないようにチェックをする役目もある。

※記録用紙は**TAKE59**, 監修者のWEBページ「映画制作の教科書」http://filmmakebook.minatokan.com

TAKE 38

監督の力量は技能ではなく現場をまとめる雰囲気

コツⒶ

何もできなくていい、目的に向けてまとめよう

●すべては目的を中心に

監督は、目的に向けて現場をまとめあげていく仕事だ。追いつめられた時ほど目的に立ち返ろう。

STEP①演出プラン
シナリオ全体の構造 Xa→Xb を、一つのシーンでも作るように、目的を明確に演出すると伝わりやすい。

STEP②現場での指示
目的を伝え、手段は各担当から提案をもらう。あえて聞くのも良い。提案が出るのは良い現場だ。最終判断は監督だ。
（TAKE15 参照）

STEP③上手なこだわり方
目的を達成することに集中して、それ以外の部分は手放そう。

STEP④OK と NG
ショット撮影が終わったら、**OK** と **NG** を明確に伝えること。想定通りでなくても、演出上の目的が果たせていれば OK だ。NG の場合は、理由と目的をはっきり示してリテイクする。

●役者との上手なつきあい

①現場では役名で呼ぶ
役名で呼ぶうちに、現場に映画世界がしみ込んでくる。みんなが役名で呼び始めたら、現場の雰囲気が変わる。

②専門家として敬意を
役者はあなたの人形ではない。体を使って役を作り上げる専門家として接する。

③演出では役目を伝える
外面的にどう演じるかでなく、役の解釈を相談して、役の役目を伝え、どう表現するかは相手に任せよう。

●誰もが専門家

役者も撮影も録音も制作も、みなその仕事をするためにここにいる。不思議なことに監督が扱うように担当者は振る舞う。現場では信頼しよう。また、実力のある人を見つけよう。ただし、失敗した時にフォローする方法も考えておく。そんなときも焦らず、ゆっくり息をして、ゆっくり喋ろう。

➕more!

撮影開始の「よーい（一拍おいて）スタート」。この言い方で、みんなを集中させよう。例えば、リズムをつけて「よーい」は元気よく、「スタート」は静かに。

POINT 映画監督は、映画を作るチームを率いる役割だ。各担当の専門分野について話し合いができる基本的知識と敬意、さらにアクシデント時に対策を見つけだす粘り強さと冷静さが必要になる。

コツ⑧
さまざまなトラブルと闘う

● トラブルあれこれ
①予定のロケ場所が使用不能。
②役者が急病や事故。
③カメラはじめ、機材の不調。
④スタッフが撮影中に怪我。

● トラブルの心得
①代案やバックアップを用意。
②ロケ場所などの第2案。
③サブカメラの準備。一眼レフやスマホも設定次第で使える。

● 撮影は中止しない （TAKE14 参照）
トラブルに際してもっとも避けたいのは、撮影中止だ。失敗しても中止と同じなのだから、あきらめずに挑戦しよう。その結果、素晴らしいシーンが生まれることがある。スピルバーグ監督『レイダース 失われた聖櫃』のアクションを外した爆笑シーンは、主役の体調不良から生まれた。ルノワール監督『ピクニック』では訪れた嵐が効果的に使われている。

● 雨が降ったらどうする？
対処法はさまざまだが、そもそも晴れなければいけないのか、雨の方がドラマチックかも、と発想を転換することも大切だ。
①透明ビニール傘だと顔が見えやすいが、顔を隠す演出もある。
②屋根やトンネル、屋内で撮れないか？ 設定を考えてみる。
③ネットの雨雲レーダーで晴れ間が来ないか確認する。5分程度の雲の切れ間があることもある。

⊕more!

すべてを語る1ショットを考えるとき、カメラからの奥行方向は無限に使えることを思い出そう。それを前提に、役者の動きの振り付けと構図を考えると良い。

● あと5分で1シーンを撮る方法
いくら綿密なプランを立てても、撮影時間が足りなくなることがある。そんな場合はショット数を減らそう。「**シーンの目的を全部語れる1ショット**」を考える。物語らなくてはいけない最低限必要なことと、このシーンでの変化 Xa→Xb さえ押さえていれば、十分なシーンが撮れる。

フィルムメーカーたちの体験談①

映画の入口

辻岡 正人 監督・俳優 / 代表作『JUDGEMENT』

現場で経験を通し知恵を得る。それが私の映画の入口だった。18歳で塚本晋也監督の自主映画現場へ俳優として抜擢された。そこで映画の企画から公開に至る一連を経験。頭の中で描く世界が具現化され、世に出て行く旋風に感動した。「**自分も映画を作り、感動を共有したい**」。単純な動機だが強烈な衝動が心身を突き動かした。それが 23 歳で監督デビューすることになる作品の始まりでもあった。

当時はフィルムが主流。デジタルビデオで制作しても、それは素人の安価な作品であり、映画として評価をされない時代だった。「**資金も地位も名誉もない、何者でもない自分は、今持てるすべてで作るしか術はない**」。結果、企画から完成まで4年ほど経過。映画は劇場でロードーショーするという概念があり、その為には配給・宣伝を業者へ依頼しなければならなかった。営業が功を奏し契約。ここでアマとプロの違いを知った。「**映画は商品。映画は何を売り、観客は何を買う**」のか。「**作りたいので作った**」のなら、身内で上映会を開催すればいい。一般の方々へ映画を通し劇場で娯楽を提供したいのなら、それを真剣に考えなければならない。

自主でも商業でも、観客を想定し企画することの重要さをデビュー作を通じて学んだ。周囲の協力もあって、デビュー作の自主映画は全国劇場ロードショー。東京では動員記録を更新した。映画の撮影に限定して参加するだけではなく、企画から公開まで経験して全貌を会得することを奨励したい。

これから映画作りを始めるみなさんへ

田中 健詞 監督 / 代表作『パンチメン』

ようこそこちらの世界へ！（笑）

映画は空間がキャンバスですから、紙に絵を描くより自由です。文法だってありません。ただ、あなたが映画を通じて人に何か伝えるためには、身につけておいた方がいい「**技**」は存在します。それはどんなものでしょうか？　僕なりの考え方を解説します。

みなさんには「映画を撮ろうと思うきっかけになった作品」ってありますよね？　なければ「**大好きな作品**」でもいいです。その作品を目標として、《**自分の心に響いた部分を自分なりに再現する作品**》を、まずは作ってみてください（練習の段階ではあまり長くないものの方がいいと思います）。

やってみると、これがなかなかにうまくできないことに気づくと思います。その《**目標とする作品と、自分が再現しようとした作品との距離**》、その間にあるのが「技」なのです。表現しようとしていたものと、でき上がったものとのギャップ、これをどう埋めていくかを考えてみてください。模索していくうちに、自分なりの「技」が備わってきます。

そこに気づけばシメたものです。次第にオリジナルな表現を求めて頭とカラダが動き出していくでしょう。やがてはそれを「必殺技」に変えて、空間狭しと大暴れしてください。

ヒューヒューッ！

SCENE 3 成功する仕上げのコツ

Post Production ／ポスプロ ［編集・仕上げ］

ポストプロダクション、略してポスプロは、撮影後の仕上げの工程。撮影された映像を編集してさまざまな調整をする。効果音や音楽、アフレコしたセリフを加え、ミックスする。デジタル化が進み、この工程が持つ意味は大きくなった。ポスプロであなたの物語をクリアに浮かび上がらせなくてはならない。映画は編集室で作られる。

TAKE 39

何を観客の想像にゆだねるか
編集で物語の時空間をつなぐ

コツⒶ
時空をつないで物語を駆動させる

① ②

電車に乗ったり
いろいろあって

● 省略で物語を明確に
「朝起きて会社に行くまで」
の状況なら、時間通り見せ
る（左図①）より、省略した
方が明確になる（上図②）。
（TAKE12 参照）

● 編集の始まり
19世紀後半、サーカスの撮影
時にカメラが故障で止まって
しまい、撮影再開したフィルム
を上映したところ、馬がいきな
りピエロに変わった、というミ
スから編集は始まったと言わ
れる。この時人類は、初めて時
間が飛ぶ映像を見たのだ。

● 編集でのバージョン管理
編集動画は、途中のデータも
残していこう。大きく変更する
場合を**バージョン**、少し変える
場合を**リビジョン**として、「**映
画タイトル _ バージョン番号 -
リビジョン番号**」とファイル名
をつける。編集過程を枝分か
れ（**ブランチ**）で管理し、以前
のデータに戻れるようにして
おくと良い。

```
XX本編 _01-01
    ↓
XX本編 _01-01a
        ↓
XX本編 _02-01 ↓
        ↓      XX予告編 _01-01
XX本編 _03-01
        ↓
XX本編 _03-02
        ↓      XX短縮版 _03-01
XX本編 _04-01
```

+ more!
キューブリック監督『2001
年宇宙の旅』で、猿人の最
初の道具＝骨が空に投げ
られて、そのまま似た形
の宇宙船につなぐ有名な
編集がある。数万年を一
瞬で感じさせた。

3
成功する仕上げのコツ

POINT 編集は、カットをつないで時間と空間を創りあげることだ。現実の時空間に添う必要はなく、どう認識してもらいたいかを考える。伝えたいポイントに絞って省略することも必要になる。

コツ**B**

カット編集で変化を描写

● 編集次第で映画は変わる

同じ素材でも、編集によって印象が異なる。どのようなカットをつなぐかだけで、悲劇にも喜劇にもできる。客観的状況を見せるのか（①）、主観的感情を感じさせるのか（②）、それぞれのカットの意味を明確にし、衝突させることで新しい意味が作り出せる。

● 階層構造をつなぐ

物語は階層構造になっている。三幕構成や起承転結で分け、さらにそれぞれをまた分けていける。どんな長編映画も小さな部分に分けることができる。**編集はカットをつなぎ、シーンをつなぎ、繰り返しこの構造を積み重ねていく作業だ。**

①

②

なんだか悲しい…

ええ…ドキドキ…

● 作業前にバックアップ

デジタル機器は壊れることもある。壊れても大切な撮影データが失われないようにしておこう。編集に入る前に、すべての撮影素材を編集環境とは別の場所にバックアップする。編集中もソフトなどを利用して、全データを物理的に違う場所に定期的にバックアップしよう。

⊕ more!

バックアップ先はクラウドサーバが安心だが、映像データは大きいため、現実的にはハードディスクになる。完成した動画はクラウドにも保存すると良い。

3

成功する仕上げのコツ

TAKE 40

動画の仕組みを知って編集ソフトを使いこなそう

コツⒶ
編集ソフトのインターフェースに慣れよう

● 編集の流れ

STEP①編集プロジェクト作成

素材となるショットの動画や音声を、Ⓐ**ビン**に読み込む。

STEP②素材の準備

使う素材をⒷ**トリマー**でカットするか、直接Ⓓ**タイムライン**に並べていく。タイトルや音なども同様に。

STEP③タイムライン調整

Ⓒ**モニター**を見ながら、Ⓓ**タイムライン**で各カットの始まりと終わりを調整する（分割したり、カットの端をドラッグして長さを変えたりできるものが多い）。

STEP④レンダリング

タイムラインが出来上がったら、**レンダリング（圧縮）**して新しい完成動画ファイルを作る。

Ⓐビン（ソース/メディアプール）
画や音などの素材を読み込んで配置する。

Ⓑトリマー（ソースビュアーなど）
素材をトリミングする。カットの始まり（インポイント）と終わり（アウトポイント）を指定。

Ⓒモニター（ビュアーなど）
画面を表示する。

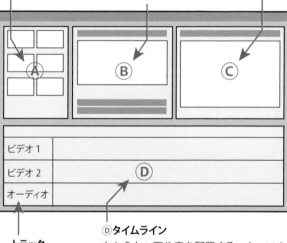

ビデオ 1
ビデオ 2
オーディオ

トラック

Ⓓタイムライン
左から右へ画や音を配置する。カーソル位置の画像がモニターに表示される。

● 編集ソフトあれこれ （TAKE20 参照）

- ・Final Cut Pro（Mac）…Mac 用のプロ用編集ソフト。
- ・Adobe Premiere Pro（Mac/Win）…日本での利用者が多い。
- ・Avid Media Composer（Mac/Win）…老舗の編集ソフト。
- ・EDIUS Pro（Win）…報道でよく使用されるソフト。
- ・DaVinci Resolve（Mac/Win/Linux）…無料版もあるプロ用。
- ・VEGAS Pro（Win）…軽快で直感的な操作の編集ソフト。

＋more!

フィルム時代は、スタインベック系とムビオラ系の編集機があった。その後、Avid 社からデジタル編集ソフトが普及。基本的にはフィルム時代と同じ考え方だ。

3

成功する仕上げのコツ

POINT 編集ソフトは基本は同じだが、ユーザーインターフェースはそれぞれ特徴がある。動画ファイルの形式や仕組み、操作の基本をおさえたうえで、それぞれのソフトの操作に慣れていこう。

コツ❸
長い映画の編集はシーンごとでまとめよう

● 長い映画を編集するときは

2時間の映画を一つのタイムラインに入れるのは、かなり大変だ。編集作業は（いくつかの）シーンごとに行って、最終的に一つの動画にまとめるのが効率的だ。シーンごとに**可逆圧縮**などでレンダリングして中間動画ファイルを作り、それを配置してレンダリングする方法がある。

▼タイムライン

ビデオ1		OP		タイトル02		
ビデオ2			S＃01_03		S＃02_01	S＃03~04
オーディオ				音楽		

● 動画ファイルの仕組み

動画ファイルは、特定の方法で圧縮して一つの**ファイル形式（コンテナ）**にまとめられている。ファイル形式だけでは、どの**圧縮方式（コーデック）**かは決まらない。

画　　音

◀**コーデック**は動画や音声の圧縮方式。動画はH.264, H.265, MPEG-4、MPEG-2、ProRes、Legarith、無圧縮など。音声はWAV、AC-3など。

▲**コンテナ**は「容れ物」という意味で、ファイル形式。MP4やMOV（クイックタイム）、MPEG、AVI、WMVなど。

● 再生環境に合わせる

レンダリング時の設定は、再生する環境に合わせよう。

①**画面の解像度（ピクセル）**
・DVDのSD：720×480
・フルハイビジョン：1920×1080
・4K：3840×2160 など

②**フレームレート（1秒間のコマ数）**
・**24p**：24コマ（映画フィルムと同じ）
・**23.976p**：日米（NTSC）TV用24コマドロップフレーム
・**29.97p**：日米TV用30コマドロップフレーム
・ほか25p、30p、60i など

③**ビットレート（1秒間のデータ量）**
1Mbps、4Mbps、16Mbps、20Mbps、40Mbps など

3
成功する仕上げのコツ

● コーデック（圧縮方式）と画質

最終ファイルは非可逆圧縮、編集中の作業用ファイルは画質が劣化しない可逆圧縮にすると良い。
・可逆圧縮（ロスレス圧縮）…展開時に圧縮前と同じものが復元できるもの。劣化はないが圧縮率は悪く、大きなサイズになる（LegarithやUt Videoなど）。
・非可逆圧縮…展開時に圧縮前より劣化してしまうもの。圧縮するたびに劣化してゆくが圧縮率は高く、小さなサイズになる。ほとんどのコーデックはこちらだ。

➕more!

編集ソフトの中には、編集プロジェクトに他の編集プロジェクトを配置（ネスト）できる機能を備えたものも増えてきた。長い映画の編集にそうしたソフトを使うのも手だ。

上手な編集①
シーンの意図を削り出す

TAKE **41**

コツＡ

シーンの意図とカットの機能を考えて

① あえて１カットで見せる

●あなたが伝えたいこと

編集とは、役者の動きやセリフを言う顔をつなぐことではなく、ストーリーテリングそのものだ。何を伝えたいのか明確にし、どうつなげば伝わるかを考えよう。

●カットの機能を意識する

編集にあたっては、それぞれのカットが持つ機能を意識しておこう。シーンで伝える必要があるのは、

・誰がどこにいるのか？
・最も重要な動きや変化は？
・その動きや変化は誰がする？
・誰の心情をどう見せるのか？

これとカットの機能をふまえれば、状況説明ショットをいつ使い、何のアップをいつ使うかなど、判断しやすい。

② 同じもの（男）が写っているカットをつなぐ

③ 違うもの（窓の外）が写っているカットをつなぐ

④ 連続した時間のカットをつなぐ

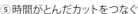

⑤ 時間がとんだカットをつなぐ

ここだ！

J K L

＋more!

編集ポイントを探すとき、キーボードの「Ｊ（逆再生）Ｋ（停止）Ｌ（再生）」キーを使える場合が多い。再生し、感覚で停止してポイントを探せば、リズムを崩すことが少ない。

イマココ

POINT 上手な編集は、そのシーンで語りたいことをはっきりさせることから始まる。それぞれのカットが持つ機能をふまえ、つなぎ方の技法を参考に、伝えたい内容を削り出すように心がけよう。

コツ B
つなぎ方が生むドラマ性

●動作とつなぎ3パターン

①**動きの途中で（アクションつなぎ・アクションカット）**
流れはスムーズ。

②**動きが止まってから**
動作後のカットに重みが出る。

③**動きを飛ばして**
カットの変化が目立つ。メリハリがつく。

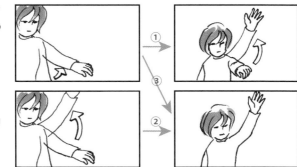

●クレショフ効果を利用

同一の画像でも、前ないし後ろにくる画像によって、受ける印象が異なることを「**クレショフ効果**」という。人の顔だけではなく、風景や物などでも応用できる。
（クレショフとはこの現象を実験で確認した映像作家の名）

 悲しい

 食べたい

 美しい

●カットの衝突
「美人」＋「花」より、「美人」＋「ドブネズミ」の方が意味が深まる。次のカットが現れるごとに新たな発見と意味が生まれてゆく限り、退屈しない。対立するものを衝突させる考え方が編集には必要だ。

+more!

マルチカメラで撮影したショットは、動きが同じなのでどこでカットしてもOK。また、ひとつの動きを2つのカットでつなぐ場合、1、2コマ抜くとスムーズに見える。

3
成功する仕上げのコツ

TAKE
42

上手な編集②
アクションとリアクション

コツⓐ

自然につながる音のずり上げ・ずり下げ

画①同時…音と画を同時に切り替える。

画②**ずり上げ**…音を画より先に切り替える。

| 音 | A：おはよう、晴れたね。 | B：おはよう、でも雨になるって。 |

画③**ずり下げ**…音を画より後に切り替える。

④自由に…音と画の切り替えポイントは自由にできる。

● 音と画をずらす

カットをつなぐ際、画と音のタイミングをずらす**「ずり上げ・ずり下げ」**を行うことは多い。画と音を同時に切り替えるより、リアクションが見えて意外と自然につながるのだ。

● シーン切り替えにも利用

例えば、次のシーンの音が聴こえてきて観客に違和感を抱かせた後に、画を切り替えて納得させる。逆に画を先に見せても良い。スムーズな場面転換や映画全体のリズムを出すのに**「ずり上げ・ずり下げ」**は有効だ。

➕ more!

「ずり上げ・ずり下げ」は、セリフを聞いている方の顔を見せることで、リアクションを伝えることができる、重要な技法だ。映画は、セリフではなくリアクションで進むのだ。

3

成功する仕上げのコツ

POINT 物語は「アクション」と「リアクション」で進む。編集にあたっては、これらが対応していることが必要だ。音と画をあえてずらすなどして、その対応を明確にしていく。

コツ**B**
編集でのストーリーテリング

● **応答を意識した編集**

何かが起こる**アクション**、それに対する**リアクション**でその意味が観客に伝わる。それが次の**アクション**を生み……と映画は続いていく。編集で観客に見せるのは、この**アクション**と**リアクション**の連なりだ。

音 | A：あなたが好きです。

▼A 喋るアクション　　　　▼B にっこり聞くリアクション

画①じらさない

▼A 喋る　　　▼A どうかな?と心配　　　▼B にっこり聞く

画②**A** でじらし

▼A 喋る　▼B 驚く　　　　▼B にっこり

画③**B** でじらし

● **カットのつなぎも Xa→Xb** (TAKE03 参照)

編集を通してクリアにするのは、その場面での変化とじらし。つまり[**Xa→Xb**]だ。編集で、どのような紆余曲折や抵抗を乗り越えるのか。映画全体のシナリオで作ってきた[**Xa→Xb**]**の変化**と同じように、瞬間瞬間もまた小さな[**Xa→Xb**]だ。

+ more!

時間通りにつないでばかりだと思ったら、一度違う角度で見てみよう。省略できる部分がきっとあるはず。最小限の要素に絞ることで、逆に印象を深めることができる。

3
成功する仕上げのコツ

TAKE
43

画の仕上げ①
明るさや色を仕上げる

※監修者 WEB ページ「映画制作の教科書」http://filmmakebook.minatokan.com（カラー画像あり）

コツ A

編集ソフトの調整機能を利用する

● シーンに統一感を

ショットの撮影時間や天候が違うと、同じシーンなのに同じ時間に見えないことがある。**色合わせのプラグイン**や、**波形モニター（波形スコープ・ビデオスコープ）**（①②③④）を利用して、明るさや色を調整しよう。

● 基準ショットに合わす

まず基準となるショットを決めよう。明るさは、**ウェーブフォームやヒストグラム**、色は、**ベクトルスコープやRBGパレード**を見て、調整対象のショットが同じような波形になるように比較しながら調整していこう。

① ベクトルスコープ

画面の画素をバラして円状に並べ直したもの。色の分布が分かる。R＝レッド、Mg＝マゼンタ、B＝ブルー、Cy＝シアン、G＝グリーン、Y＝イエロー。円の中央は色がなく、外側ほど色が濃くなる。

② ウェーブフォーム

画像と横軸は同じ。縦の線の画素をバラバラにして、明るさで並べ直したもの。上が明るい。画面の横軸のその部分の明るさや分布が分かる。

③ ヒストグラム

画素を明るさで並べ直したもの。画面全体の明るさの分布が分かる。右が明るく左が暗い。縦軸はその明るさの画素の数。

④ RBG パレード

ウェーブフォームをレッド、グリーン、ブルーそれぞれの色ごとに分けて並べたもの。色の分布が分かる。

● エフェクトでの調整方法

明るさ調整は、エフェクトで用意されている曲線を操作することでもできる。**横軸＝入力、縦軸＝出力**だ。右図のように S 字カーブにすると、暗部はさらに暗く、明部はさらに明るくなり、コントラストが効いて昔のフィルムのような明暗の感じに近くなる。

カーブ曲線

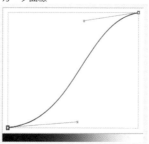

＋ more!

実際の色と、人がイメージする色（記憶色）にはずれがある。海はほとんどの場合暗緑色や茶色だが、映像では青でないと本当らしく感じない。あなたはどちらに合わせる？

コツ❸
明るさや色、コントラストを調整する

● プライマリ色調整

明部、中間部、暗部のそれぞれの色を変えられる。3つの円（ホイール）は、**ベクトルスコープ**と同じ色配置。中の丸点を動かして色を操作する。円の外側ほど色が変わる。明るい部分の色を変えると画面の印象が変わりやすい。

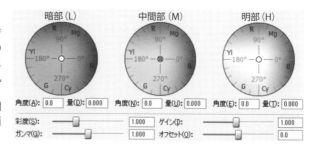

● セカンダリ色調整

画から色を操作する部分を選び出して操作する。下の画像は、操作する部分を白で表示させたもの。

・ガンマ：画の入力 - 出力カーブを操作する。大きいほど暗部が明るくなる。
・ゲイン：明るくなる比率。大きくすると明部が明るくなる。
・オフセット：明るさをすべて上下にシフトする。

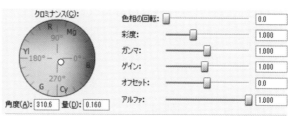

● LOG 撮影の調整

LOG撮影は、注意が向く暗部の情報を多く、明部の情報を減らして収録する。**LUT**（ルックアップテーブル）を参考に、自分でカーブを調整して最適なコントラストを作ろう。

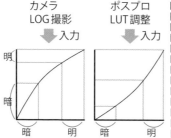

カメラ
LOG撮影　⬇入力

ポスプロ
LUT調整　⬇入力

➕more!

仕上げでの調整用に多くのデータを収録したRAWやLOGでの撮影画像は、そのままではコントラストが鈍い。人に見せる映像にするには明暗の配分を調整する操作が必要だ。

TAKE
44

画の仕上げ②
カラーグレーディング

※監修者 WEB ページ「映画制作の教科書」http://filmmakebook.minatokan.com（カラー画像あり）

コツⒶ

画像の仕上げで世界を演出する

● **色を調整して世界を創る**
色の調整には 2 種類の考え方がある。

⑴ **補正して正しい色にする**
（**カラーコレクション**）。
⑵ **作品上の世界を創る**。色をはじめとした演出上の画像調整（**カラーグレーディング**）。

主人公の二人が際立ち
心の通い合いを感じ
させる映像になった！

● **人は相対的印象で判断する**
明るい印象と画像の明るさは別。例えば暗い夜の場合、映像がほぼ黒で、わずかな光部分が明るいと、画像全体は逆に暗い印象になる。人の感じ方は比較で決まる相対的なものだ。

・**実際のグレーディング例**

作品上の独特の
世界感を創ろう！

STEP①オレンジがかったにじみを少し加え温かみのある印象に。
STEP②いくつかの方法で青や黄色を強調し、結果的に後ろの木の葉の緑が鮮やかになるように調整。
STEP③中間色を少し持ち上げ、明るい印象にカーブを調整。

➕more!

フィルム時代は撮影時に多くを調整したが、現在は撮影時は見た目を無視してできるだけ情報量を多く収録し、ポスプロでデジタル処理することが主流だ。

● **映像調整も物語の一環**
映像を調整する目的の代表的なものは以下だろう。
・キャラクターを目立たせる。
・世界観を変えて、別の世界だと感じさせる。
・映画のテーマを際立たせる（感情に合った明るさなど）。
映像の調整は、表面的な遊びではなく、**物語（＝世界）を語るため**であることを忘れずに。

3
成功する仕上げのコツ

-POINT- デジタルでのポストプロダクションは、画像調整だけでもさまざまな工夫ができる。しかし術におぼれず、あなたの物語（＝世界）を伝えるためのものであることを忘れずにいよう。

コツ B
さまざまな調整テクニックを吸収しよう

表情が目立つようになる

● **補色グレーディング**
（ティール＆オレンジ）
顔をオレンジ色にして、他を補色の青緑に。

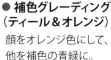

独特のコントラストになる

● **銀残し（ブリーチバイパス）**
フィルム映画の現像技法・銀残し（ブリーチバイパス）をシミュレーションする機能を使う。

①＋②＝③　不思議なにじみが出る

●**オートン効果（※）風**
①元画像を複製してぼかす。
②もう一枚複製して白黒に。
③①の上に②を透明度45%で重ねる。

※水彩画のような幻想味を出す。考案した写真家の名前からつけられた。

 ⊕more!

● **自分の技を発明する**
フィルムで撮影されたヒッチコック監督『めまい』や『裏窓』では、小さく写っている登場人物に注目させるため、撮影時の調整と現像だけで現代のグレーディングと同じことをしている。また黒澤明監督『どですかでん』では、地面やセットなどに色を塗って、もうひとつ別の現実を感じさせた。オリジナルの方法に正解はない。

映画のルックを、名画に合わせる手法もある。編集ソフトを使ってまねしたい名画を取り込み、その色彩に合わせて動画のカラーを調整していくのだ。

3
成功する仕上げのコツ

TAKE 45 トラックを使って 合成や字幕を加える

コツⒶ

特殊なつなぎと合成で世界を創る

●意味を持たすシーンつなぎ

シーンは通常、カットでつなぐが、特別な意味を持たせたつなぎ方もある。

・フェードイン（F.I.）
　カットの始まりの映像が徐々に現れる。

・フェードアウト（F.O.）
　カットの最後が徐々に消えていく。

・オーバーラップ（O.L.）
　2つのカットのF.O.とF.I.を重ねてつなぐ。

・ワイプ　拭うように切り替える。

●映像の合成

トラックを利用して2つの映像を合成することで、特殊な効果を生むことができる。

①上下のトラックに合成する2つの画像を配置。
②上のトラックを加工し、合成用の画像を作る。

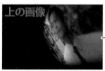 

③↑上の画像を半透明にするために透明度
　55%にして、両方を表示して完成。↓

●目的に添った効果を

『スター・ウォーズ』のシーンつなぎは、ワイプが多用されている。同手法の先駆者・黒澤明へのオマージュということもあるだろうが、なにより「昔々」で始まる物語らしく、紙芝居のような効果を狙ったものだろう。特殊なつなぎ方や合成は楽しいが、本来の目的や狙いを忘れないように。

➕more!

合成で画面を作るとき、完成画面がイメージできていなければならない。行き当たりばったりの撮影をすると、ポスプロで苦しむことになる。はっきりした企画や計画が必要だ。

3
成功する仕上げのコツ

POINT 編集ソフトを使えば、特殊なつなぎ方や画像の合成、文字入れができる。大切なのは、これらを使って物語を語ること。目先の面白さに惑わされないようにしよう。

コツ**⑧**
セーフエリアを意識して字幕を挿入

●セーフエリアを意識する （スクリーンサイズは TAKE60 参照）
放送や映画館などで、画面の端が表示されないことがある。字幕などの切れてはいけない情報は、プレビュー画面の**セーフエリア**表示を参考に、端から 10% 程度の余裕をみて配置しよう。

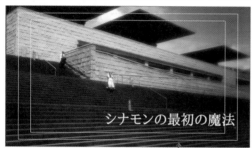

シナモンの最初の魔法

└**セーフエリア表示例**

●タイトルや字幕の入れ方
タイトルを編集ソフトの「**タイトラー**」機能を利用して挿入する。

背景と同じような色で見えにくいときは、別の色で縁取りをしたり、**ドロップシャドウ**という影を落としたりする。文字と背景の間に図形などを置いて目立たせる方法もある（座布団）。

シナモンの最初の魔法 　縁取り

シナモンの最初の魔法 　ドロップシャドウ

シナモンの最初の魔法 　座布団

●合成の基本的な技法
合成用の素材は、一部を透明にして使いたい場合が多い。グリーンバックやブルーバックの前で撮影して、グリーンやブルーを**セカンダリ色調整**などで透明にしたり、一度、白と黒の二値画像（マスク）にして透明にする部分を作ったりする。

グリーンバックでの撮影

▼

合成後の画像

➕more!

テレビニュースのタイトルは見やすく目立つように、独特の座布団や文字の装飾が行われている。この手法を逆に利用して、ニュース画面風に見せかけることも可能だ。

3
成功する仕上げのコツ

TAKE
46

効果音と音楽を利用して物語を浮かび上がらせる

コツⒶ
効果音（SE）の入手と利用

●効果音で物語を語る
効果音は、観客にその場面で感じさせたい空気を作るためにある。例えば『エクソシスト』のオープニング。止まる時計の音、馬車の音、街のざわめき、無音で立つ人、犬の吠え声。音でぐんぐん引き込む演出だった。

●2種類ある効果音を意識して上手い嘘をつこう
映画の中では、以下の2種類の音を使い分けることができる。

(1)現実に聴こえるであろう音　　　↓無音の場合

(2)心理的に聴いたような気になる音　　　↓無音の場合

●無音という効果音
あえて無音にして静寂にすると、観客は自らその場面の世界を想像力で創り出そうとする。それまでに物語を誘導できていれば、素晴らしい見せ場を作ることができる。アザナヴィシウス監督『アーティスト』のクライマックス、無音の中で観客は確かに音を聴いた。

●自然なループを作る

2つに分けて
前後を入れ替え

オーバーラップさせ
レンダリングで
新ファイル作成

元々繋がっていたので途切れない

●効果音の入手方法

①ネットやCDから
無料と有料があるので探してみよう。使用条件には注意が必要。有料で購入したものでも、条件次第で使えないこともある。

②収録素材から作る
必要なものが素材集などにあれば、それを使う。ロケ撮影時に収録した素材も重宝する。長さが足りなければ**ループ化**しよう。

③新たに収録する
足音やドアの開閉音、群衆のざわめきなどを、レコーダーで収録しよう。それをもとにピッチ（音の高さ）や長さを変えても良い。エフェクターを使って、その場面になじませることもできる。

➕more!

効果音と音楽は境目があいまいだ。北野武監督『座頭市』では、家を作る効果音が音楽になっていった。ヒッチコック監督『鳥』では電子装置を作り、鳴き声を音楽家に作曲させた。

POINT 効果音や音楽を入れると、映画の雰囲気を作ることができる。ただし、映画の面白さは物語の中にあって、効果音や音楽はそのための道具だという基本を押さえておこう。

コツ❽

音楽（BGM）を効果的に利用する

● 映画音楽の役割
普通の音楽は聴いて楽しいものだが、映画音楽は物語のじらし部分で恐怖や不安を感じさせる必要がある。音楽そのものを意識させない方が効果的だ。

● 音楽のタイミング
音楽の入るタイミングは難しい。気づかないように始めるか、あえてはっきり始めるか。シーン中のセリフや動作をきっかけにするのが一般的だが、音楽を**ずり上げて**別シーンの終わりから唐突に始めることで逆に違和感を消す方法もある。むしろ音楽を目立たせる手もある。

● 映画音楽の鉄則
・音量は大きすぎないこと。普通のセリフの 1/4 (-12db) 程度から考えてゆく。

・音量は、場面の移り変わりやセリフによって上げ下げする。

・繰り返し同じテーマを聴かせて、その変化で雰囲気を作る方法もある。

・描くキャラクターにテーマをつけるのもひとつの手。

・効果的なのは不安や恐怖などに伴う音楽。

・音楽を画面内の動きに正確に合わせすぎても、うるさくなりやすい。

● 素材の使用条件に注意
① 素材制作者のクレジットを表示する義務があるか？

② 営利目的で使用してよいか？

③ 素材を改変してよいか？

④ 素材を使って作品を作った場合、同じ条件で公開する義務があるか？

⑤ フリー素材の条件例

・**CC**（クリエイティブコモンズ）ライセンス：使用条件がマーク化されている。

・**パブリックドメイン**：保護期間終了などで公有物となったもの。自由に使える。

・**コピーレフト**：使用・改変の自由を認めるが、使用した作品の公開条件は素材と同じにする必要がある。

※例えば、素材が公開自由なら、使用した映画も公開自由を義務づけられるので注意。

❶more!

音楽家と相談するときは、不安な音の必要性と、音楽が主張しすぎないことを理解してもらうこと。結婚式でも悲しみがテーマであるなど、目的を共有しよう。

┌─────────────────────────┐
│ ● **それぞれの監督の手法や志向**
│ ・大林宣彦監督：「**映像にはどんな音楽でも合ってしまう。**」
│ ・黒澤明監督：**悲しいときに楽しい音楽**…対位法を活かした。
│ ・タルコフスキー監督：「**音楽は映画にとって麻薬のようなものだ。私はできるだけ使わない**」
│ ・キューブリック監督：作曲された音楽を気に入らず、すべてクラッシックや現代音楽に変えた。
└─────────────────────────┘

3 成功する仕上げのコツ

(47) 後処理をマスターして自然なアフレコを実現する

コツA
アフターレコーディングは目的を明確にして

●アフレコで仕上がりを調整

アフターレコーディング（アフレコ）は、撮影後に主にセリフだけを収録すること。同時録音でセリフを明瞭に録れなかった、内容やニュアンスを変更したい、などの目的を明確にして臨む。スタッフも、同時録音とは役割が違うので音響が行うことが多い。

●アフレコで演じる

録音スタジオで、**金魚鉢**と呼ばれる録音ブースに入り、ミキサー室からの監督の指示に対応するのはかなりのプレッシャーだ。雰囲気に飲み込まれないように楽しもう。

①映像は何度か再生してもらう。再生時に、撮影時の演技を思い出したり、映像の動きに合わせたリズムを作る。

②映像の口の形を見て、**リップシンク**する（口と合わせる）のは難しい。全体の演技のリズムを見て合わせよう。

③映像に合わそうとセリフの途中で速度修正すると、不自然になる。編集で対応できるので同じペースで続けよう。

●映像の再生設備
なければノートPCを持ち込む。口の動きが分かる専用映像がなければ、マスターショットで代用することも。

●レコーダーとモニターヘッドホン、マイクなど
撮影で使ったガンマイクなどでも良い。

●吸音材
息の吹き風ノイズを防ぐポップガード。マイクの後ろに**反響防止用**のリフレクションフィルターを置くことも。バスタオルでも代用可。反響は、追加は簡単だが取り除くのは難しい。

座ると発声が変わるため、役者が立って収録するセッティングが望ましい。

⊕ more!

ロケ時に、静かな場所や車内でアフレコすることを「サウンドオンリー」と言う。直後なのでセリフのタイミングが合いやすい。ロング撮影でセリフが拾えないときなどに活用。

●スタジオでなくても可能

アフレコはスタジオに限らず、自宅やビジネスホテルなど静かな場所に機材を持ち込んで実施しても良い。ただし、反響がひどい会議室だったり、家の庭で犬が吠えたり、カラオケボックスや練習スタジオで音漏れしたりなどもあるので、事前の環境確認は必ずしよう。

> **POINT** アフレコは、同時録音とは違う環境であり、役者の演じる状況も異なる。撮影時と違うニュアンスにすることも可能だ。デジタル処理をマスターし、映像になじませるようにしよう。

コツ⑧

アフレコ音声は後処理でなじませる

●編集で口に声を合わせる

[24コマ/秒] の場合、4コマ以内のずれは気にならない。口の形に合わないことが気になるなら、編集ソフトで調整する方法がある。母音で決まる口の形さえ合っていれば自然に見える。

●撮影時よりアフレコが少し長い場合の調整

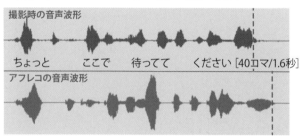

撮影時の音声波形
ちょっと　　ここで　　待ってて　　ください [40コマ/1.6秒]
アフレコの音声波形

STEP① 下段の再生スピードを速くして短くする（早回し再生）。
STEP② ピッチ（音の高さ）を変更しないようにし、自然に聞こえるようにする。
STEP③ 口と音が合った。

ちょっと　　ここで　　待ってて　　ください

●音声の後処理

アフレコ音声は、後処理をしないと不自然になりがち。エフェクターを使って声をその場面になじませよう。（TAKE48 参照）
・**イコライザー**：音の高低の減衰やマイクの特性を調整。
・**リバーブ**：響きを加える。
・**コンプレッサー**：音の大小を整える。

●タイミングが違う場合

幸せ に なって ください
撮影時の音声波形

アフレコの音声波形
幸せ に なって ください
[36コマ/1.5秒]

STEP① 下段の音声を「幸せに / なっ / てください」に切り分ける。
STEP② それぞれを移動・伸縮させて、同録の音に波形を合わせる。
STEP③ 口と音が合った。

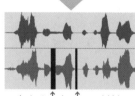

幸せ に↑ なっ↑て ください

➕more!

アフレコ収録にかかる時間は読みづらい。まずは「機材などのセッティングにかかる時間＋数回の映像の確認＋数回のテイクの収録」という考え方で積み上げて試算しよう。

TAKE 48 整音（MA）することで セリフや音楽をなじませる

コツ**A**
シーンに合った音作りをする

●音声を最終調整する
整音（MA）とは、同録や効果音（SE）、音楽（BGM）やアフレコの音声を最終的にまとめる作業だ。ノイズ除去のほか、追加した音を現実の音に似せたり、現実より聴きやすくしたりする。

●同録時のノイズ（不要音）を取り除く
①**セリフ以外の部分を下げる**
スペクトラムアナライザーで、セリフ以外の周波数成分を表示。**イコライザー**で、山がある周波数部分を下げて平坦にし、不要音を抑制する。
②**声以外の音を減らす**
人の声の周波数成分は 80Hz から 1〜数 kHz程度（男女で異なる）。その上下の音を下げる。
③**各種ノイズ除去のソフトを使う**
Audacityなど、さまざまなソフトやプラグインがある。音が劣化する場合もあるので考えて使う。

●スペクトラムアナライザー（右参考画像：SPAN）
音の周波数成分を表示する。装備されていないソフトでは、VSTなどのプラグインで追加。

●リバーブ（参考画像：VEGAS Pro）
反響音を加える。遅延時間や響かせ方で、ディレイ、エコーなどとも呼ばれる

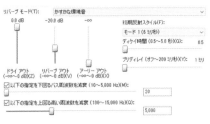

●イコライザー（参考画像：VEGAS Pro）
グラフィックイコライザー以外にも、各種ある。音の周波数成分を調整する（基本は下げてフィルタリングする）。

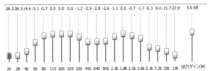

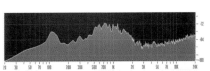

●現実空間での音の特徴
・音源から波紋のように広がってゆく。
・距離が離れると、低音から減衰してゆく（低音の減衰）。
・何かを通ると、高音が遮られて減衰する（高音の減衰）。
・何かにぶつかると反射して、元の音より少し遅れて届く。
　部屋だと壁で反射（※）を繰り返して長く続く（反響）。
※音は1m進むのに約3ミリ秒（ms）かかる。もし反射する壁が10m離れていたら、元に戻るまで60ms遅れる。1mで6ms。

＋more!

背景に流れる街や公園、車や冷蔵庫の音などは、別のトラックに途切れないように置いておく。こうすると、カットでつないだときの違和感がやわらぐ。

106

START｜プリプロ｜撮影｜ポスプロ｜公開｜END

イマココ

> ⬤ **POINT** シーンでの音声や効果音、音楽のバランスと音量を調整するのが整音だ。デジタル処理により、アフレコの音を現実の音に近づけたり、ノイズを除去したり、全体の音量を調整したりする。

コツ**⑧**

音量を調整する

● 音量を調整する

映画の音は、①**セリフ**、②**効果音**（単体の音とその場面の環境音）、③**音楽**（BGMと音楽メインのもの）がある。セリフは明瞭に、効果音と音楽は大きすぎないように調整しよう。

STEP① 収録音は、ノーマライズ機能（そのカットの最大音量を0dBや-6dBなどに拡大する）があれば利用すると簡単。各音のタイミングや音量を調整する（このとき再生ボリュームは一定にしてバランスも確認する）。セリフの部分では、他の音を上手く下げたりもする。内容だけでなく、大きさの変化やいきなり終わらせるカットアウトなどでも演出ができる。

STEP②コンプレッサーで、音量差をなだらかにして聴きやすくし音量を調整する（音楽は制作者がすでに処理していることが多いので必要に応じて行う）。

STEP③ BGMは、セリフの4分の1（-12dB）程度でもかなり大きく感じる。入るときも下げるときも意識されないようにするのがコツ。セリフや動きに合わせると良い。

● コンプレッサー （参考画像：VEGAS Pro）

大きな音をなだらかにする。最大音量を小さくする。なだらかになった全体を大きくするオプション（自動ゲイン補正など）もあって、音圧を増して聴きやすくもできる。

39 36 33 30 27 24 21 18 15 12 9 6 3		
入力ゲイン (dBX)(I):		0 dB
39 36 33 30 27 24 21 18 15 12 9 6 3		
出力ゲイン (dBX)(O):		0 dB
除去 (dB):	21 18 15 12 9 6 3	9.2
スレッショルド (dBX)(T):		-21.6
量 (x:1)(X):		2.0
アタック (ミリ秒)(K):		15
リリース (ミリ秒)(L):		250
☑ 自動ゲイン補正(C)	☑ スムーズ サチュレーション(M)	

● 音を場面になじませる

アフレコや効果音を現実空間に合わせ、**イコライザー**で減衰、**リバーブ**で反響を作る。
例1：反射の距離を考えて、遅延時間や特性を調整。部屋の中、駐車場などの反響を作る。
例2：アフレコの声は、距離の違和感が出やすい。100Hz前後以下を下げてみる。性別によっても、範囲や量が変わる。

┌─────────────────┐
│ **● 機器音を再現する**
│ ・**電話やTVの音声**…イコライザーで低・高音部を下げたりなくしたりする。
│ ・**ヘッドホンでの音**…音漏れには低・中音部がない。イコライザーで再現。
│ ・**放送の音**…コンプレッサーで音圧を上げてから、全体の音量を落とす。
└─────────────────┘

➕**more!**

瞬間瞬間の信号の大きさを示す「ピーク値」に対して、「ラウドネス値」は人間の聴覚の周波数特性を勘案し、さらに時間の平均をとったもの。いわゆる「うるささ」が分かる。

3

成功する仕上げのコツ

TAKE 49 メインタイトルとエンドクレジットを入れる

コツⒶ
タイトルを工夫する

●タイトルを挿入
映画の包装紙と言える、**メインタイトル**（題名）と**エンドクレジット**（キャスト・スタッフ名）を作る。作品に合った入れ方を考えよう。

●タイトルの順序
最初にメインタイトル、終わりにクレジットタイトルを入れるのが現在の主流。これは、1968年の『2001年宇宙の旅』で確立したと言われる。

●存在感のあるタイトル
その空間に、文字が存在するように見せる方法もある（①）。モーショントラッキング機能を利用して背景画面の動きを解析し、その動きにタイトルを追従させたりする。タイトルを直接セットや小道具に描いて撮影するのも手だ（②）。

タイトル例①

タイトル例②

●題名のつけ方に悩んだら
悩んでも題名が浮かばない！ そんな場合は、違うイメージの単語をぶつけてみよう。ちょっとした発想が、平凡の殻を破りイメージを広げる。

・"砂漠のラクダ"→ 砂漠の魚" "宇宙のラクダ"
・"連続殺人鬼"→"優しい殺し屋" "隣の殺人鬼"
・"彼女の生活"→"私の秘密" "彼女の幻覚"
・"美しい花"→"殺しの花" "美しい悪魔"

➕more!
タイトルで有名なのは、『犬神家の一族』など市川崑監督作品や、ソール・バスというタイトル・デザイナーの作品『80日間世界一周』『サイコ』『ウエストサイド物語』など。

3 成功する仕上げのコツ

POINT 編集作業の最後は、タイトルの挿入だ。タイトラーや画像編集ソフトで簡単に作ることができる。エンドクレジットは、名前などに間違いがないか、みんなに確認してから作業しよう。

コツ⑬
エンドクレジットを作る

● エンドクレジットの方法
エンドクレジットは、映画の最後に見せるクレジットタイトル（キャストやスタッフの一覧）。画面ごとに切り替える手法と、下から上へロールアップする方法（**エンドロール**）がある。

● 簡単な作り方
編集ソフトのタイトラーを利用して作れる。または、文字を画像編集ソフトで画像化し、タイムラインに入れて作る場合は、細長い画像を作って下から上に移動させることで、ロールアップさせることができる。文字がスクリーンからはみ出さないように、画面から少し内側のセーフエリア内に配置すること。(TAKE45 参照)

● 分割かロールか
エンドクレジットを1枚ずつ切り替え表示する場合、分け方が難しい。またデータが別になるので、文字サイズ修正などが発生した場合の作業は大変になる。その点、エンドロールは1枚の画像なので、手間がかからない。

陽子
高田 光

亮
北山 良平

明
北西 南

社長
小野 洋子

スタッフ

①

② プロデューサー
星野 零式

脚本
安田 真奈

③ 撮影
安田 淳一

撮影助手
鬼村 悠希
⋮

④ 制作進行
森 亮太

助監督
佃 光
⋮

⑤ 編集
田中 健詞

⑥ 音楽
ダイヤモンド・チチ

テーマソング
『夢の街』

⑦ 制作
神戸活動写真倶楽部港館

⑧ 監督
衣笠竜屯

● クレジットの例
① キャスト：役名と役者の氏名。最初は主役、最後は重要な俳優であることが多い。
② 制作部。プロデューサーや脚本など。
③ 現場での技術部門。助手は、担当ごとに「〇〇助手」と。
④ 現場での制作・演出部門。制作進行や助監督など。
⑤ ポスプロ関連部門。
⑥ 音楽担当・楽曲の名称。
⑦ 協力・制作団体など。
⑧ 最後は監督。

✛more!

クレジットタイトルは、多くの役職と氏名を扱うので間違いや抜け落ちが起こりやすい。一度テキストデータにまとめて、全員にSNSやメールで確認してもらおう。

3

成功する仕上げのコツ

TAKE
50 試写でブラッシュアップ
完成品を仕上げる

3 成功する仕上げのコツ

コツⒶ
完全パッケージを作る

●完パケを制作しよう

上映や配信などをするためのデータ「**完全パッケージ**」(**完パケ**) を作ろう。「**マスター**」や「**完成原版**」と呼ばれることもある。用途に合わせて、形式や最大音量を選択する。（TAKE40・48参照）

●用途別に各種データが必要

一本の映画でも、上映用や家庭用 DVD や配信用など、各種データを作る必要がある。毎回元の編集データからレンダリングするのではなく、可逆圧縮や高画質な低圧縮の動画データを作っておき、そこから作業すると間違いが起こりにくい。

	動画ファイル	ブルーレイディスク	DVD ディスク	DCP（デジタルシネマパッケージ）
概要	PCやネットなどによる再生用。	ミニシアターや家庭など、広く対応している。	家庭などでの再生用。	映画館での上映用の国際規格。超高画質。
形式	MP4やMOVなど。MPEG-4やH.264圧縮コーデックなら再生しやすい。	容量 25GB、50GB。ハイビジョンで映像圧縮はMPEG-4 か H.264、音声は AC-3 か AAC など。	容量 4.7GB、8.5GB。スタンダードサイズの映像圧縮は MPEG-2、音声は PCM か AC-3 など。	HDD などに入れて映画館に納品する。
作成方法	編集ソフトでレンダリングし、USB メモリや HDD、データディスクに入れて渡したり、ネット経由で引き渡す。	編集ソフトで直接焼けるものもあるが、できれば動画ファイルからオーサリングソフトを使ってメニュー付のものを作る。		制作業者に頼むか専用ソフトなどで作る。
ビットレートなど	上映用ならフルハイビジョン（1920×1080）・24p で 10Mbps 程度以上。ネット経由の場合は、小さくする。	映像・音声含めて最大54Mbpsまで。主なフレームレートは23.976p、24p、30p、60 i。	映像・音声含めて最大 10.08Mbps まで。主なフレームレートは23.976p、24p、30p、60 i。	

※ビットレート (bps)…1 秒間のデータ量

```
●試写ループを重ねて完成度アップ
完成と思う前に試写をしよう。映画館や上映会場、あるいは
ネット経由でも良い、できるだけ多くの人に観てもらい、
完成度をあげよう。不思議と不具合が見えてくるものだ。
【試写ループ】
①試写をして、他の人と一緒に見る。   ④修正する。
②問題点をはっきりさせる。          ⑤繰り返し①に戻る。
③対策を練る。
```

✚more!

ディスクには、再生機器との相性や劣化エラーがつきもの。複数メディアを持ち込み、上映前のテストをしよう。HDMI出力できるノートPCにデータを入れて持参するのも方法だ。

POINT 編集が終わったら試写をしよう。多くの人に観てもらって修正を繰り返し、完成させる。完成品は、上映・再生する形式にまとめて「完パケ」を作る。メニューの工夫も楽しみのひとつだ。

コツ**B**

用途に合わせたメニューを作ろう

● メニューを工夫して見よう

ディスクの作成には、オーサリングソフト（VEGAS DVD Architect など）を使用する。使い方次第で工夫したメニューを作ることができる。家庭用なら背景画像などを入れて、メニュー画面でも世界観を見せよう。

● 家庭用特典・字幕付きDVD例

▲メインメニュー

クレジットメニュー▶
①〜⑥

▲チャプターメニュー

▲字幕切り替えメニュー

▲映像特典メニュー

▲挨拶メニュー

ディスクの内容

・本編
［字幕］
なし
日
英

・予告
・メイキング

・挨拶
①〜⑦

● 上映用はメニューを目立たせない

［本編/日・英字幕付き本編/旧アナログ用本編/予告編］などが上映用メニュー項目。準備時間中に目立たないよう黒バックにする。

⊕more!

上映用の場合、本編前の雰囲気を壊さないようにすることが重要。また本編最初に10秒程度の黒画面・無音を入れておき、一時停止してからの再生がしやすいようにする。

フィルムメーカーたちの体験談②

インディーズ時代のマイルール　安田 真奈 監督・脚本家/代表作『幸福（しあわせ）のスイッチ』

　私は、映像の学校や学部を出ていません。高校の映画研究部で 8 ㎜映画を知り、大学の映画サークルで自分の作品を撮りはじめ、メーカー勤務の間も自主制作を続けて、約10年で退職。監督・脚本業を始めて 3 年ほど経った頃、劇場デビュー作となる上野樹里×沢田研二の電器屋親子物語『幸福（しあわせ）のスイッチ』をオリジナル脚本で撮りました。

　会社員時代は残業も出張も多く、自主制作は大変でしたが、なんとか作り続けるため、そしてできればプロになるため、4つのマイルールを設けていました。

(1)年1本は必ず作る（映像を専門的に学んでなくても上達するかも？）

(2)あるものでナントカする（時間がないので、ネタがあればすぐ脚本を書いてサクッと撮影！）

(3)サイクルを作る（作って・上映して・検証して・次に活かす。スタッフ・キャストに反響をフィードバックすると、支援の輪も広がる）

(4)PRする（映画祭で知り合ったプロデューサーを訪ねて、こんな映画を撮りたいとか、こういうジャンルが得意とかをお伝えして、将来の仕事に結び付ける）

……人それぞれ、効果的なルールは違うと思いますが、ご参考まで。

　最後にもうひとつ。脚本は、取材が大事です。対象を深く調べないと、どこかで聞いたセリフ、どこかで見たシーンばかりになります。取材4割、執筆2割、そして改稿が4割。テーマは変えずに主人公を替えちゃうくらいの大胆な改稿も、時にはオススメですよ。

商業映画に負けない自主映画を撮るには　　　　安田 淳一 監督/代表作『ごはん』

　近年はカメラの性能の向上が著しい。ところがこれがクセモノ。「暗くても綺麗に映る」ことに甘えた結果、照明がおろそかになる。「リアル」を言い訳にしたノーライトの暗いだけの映像。そんな自主映画をたくさん見た。照明なしで撮影された 1000 万円のシネマカメラと、**照明が作りこまれた10万円の一眼カメラの映像**は、いわずもがな後者の勝ちである。

　照明だけではない、撮影、演出、配役、衣装、ロケ地選定、美術、編集、音楽などの要素。低予算の自主映画で商業映画をベンチマークにするなら、これらについて監督自身に知識・見識があった方が良い。それで現場スタッフに専門性が不要となる。低予算制作の第一歩である。浮いた予算を俳優、衣装、ロケ場所にまわす。これで誰にでもわかるくらい劇的に映像の質が向上。

　最も大事なのは**脚本の練り込み**。いろんな人に読んでもらって意見を聞く。その中には明らかに意味のないものもあるし、ああそうかと膝を叩く金言もある。意見の取捨選択の基準は作品の方向性である。娯楽系なのか、アート系なのか、仲間内で楽しむだけか、劇場公開を目指すのか。他人が「面白い」と言ってくれた脚本なら実現への前進力も違う。撮った後で撮り直すことに比べたら、脚本の直しなんてタダ同然。**脚本なしで劇場公開作を二本も撮った僕が言うのだから間違いない**（笑）。

感動をみんなに届けるコツ

Release ／リリース［公開］

映画は出来上がった。しかしそれが本当に完成するのは、誰かの目に映された時だ。歴史に誇る映画も、フィルムそのものに価値はない。観客の心に届き、それが共有されたからこそ、今の価値がある。映画は、人に見せて完成する。映画を届ける方法、実はもっとも重要な部分だ。あなたの映画を届けよう。

TAKE **51**

公開と上映会
あなたの映画を届けよう

コツⒶ
映画の公開方法を考えよう

●配給会社へ依頼
配給会社に引き受けてもらい、映画館等で上映。売込みには作品ディスク、数分で見れるプロモーションビデオ、企画書等が必要。

●自主配給
ミニシアターなどに、興行上映を交渉する。興行主は映画館。「集客できます」と自信を持って言えれば、上映の可能性はある。

●自主上映
自ら会場を借りて上映を行う。興行主は自分。会場は映画館、ホール（民間・公設）、イベント会場、ライブハウス、美術館、公民館、会議室、自宅などの店舗、自宅など。文化祭などのイベントでも。

●コンテスト・映画祭など
開催目的も含めてさまざまなコンペティションがある。応募すると誰かは必ず見てくれる。

●ディスク販売・配布
ブルーレイやDVDディスクを制作して、配布や販売する。販売するにはパッケージとジャケットが必要だ。ECサイトでも通用するJANコードを得るには、自費でコード発行業者として登録するか、発行サービスのある商品用ディスク制作業者を利用しよう。

●ネット配信
Youtubeなど、交流系動画サイトは自分の判断でアップロードできるが、観客をどう集めるかが課題。一方、Amazonプライムなど、主に商業映画などを配信している動画配信サイトでも作品を受け付けている。

うーん…

チラシ

●関係者には完成版を
スタッフ、キャスト、関係者やお世話になった先には、完成版を配ろう。あなたの映画はそれぞれにとって価値がある。ただし、上映権や公開条件を明確にするなど、ディスクの使用方法も伝えておこう。

●観客に届いて完成する
映画は、観てもらった人の中で完成する。公開するのに不安や怖さを感じたりもするが、そのほとんどは思い込み。観てもらうにはどうするか考えよう。

➕more!
売込みに行く際、集客できる算段があれば話が進みやすい。その算段は、実は企画段階から始まっている。ターゲットや内容、あなたには観客が見えているだろうか？

4
感動をみんなに届けるコツ

START	プリプロ	撮影	ポスプロ	公開	END

イマココ

POINT 映画は、観客に届いて初めて完成する。公開するのは怖いし、映画館に交渉に行くのは勇気がいる。それでも、観客に出会う手段を考え、踏み出そう。上映会も、やり方さえわかれば簡単だ。

コツ⑬
失敗しない上映会の進め方

STEP① 上映会の内容、企画などを決める

上映時間にプラスして上映準備、挨拶や入退場時間を考慮し、少し余裕をみて考えておく。メイン以外の上映作品や、おまけイベント（ミニライブやグッズの抽選会など）を加えることもある。

STEP② 上映時期を決めて、会場を探す

おおよその時期を決めて、それに合う上映会場を探して申し込む。設備や、音量が出せるかなどの確認も必要。一般的に、平日昼間や月・火曜夜は集客数が少なめで、**金曜夜～日曜午後**が狙い目。

STEP③ 上映イベントの詳しいタイムスケジュールを作る

(1)上映準備、(2)開場して観客入場、(3)挨拶など、(4)上映、(5)舞台挨拶など、(6)観客退席、(7)片付け、などがある。

STEP④ チケットのシステムを決める

前売券を作るのか、当日券や入場整理券だけにするのか。自由席か予約制にするかなども決めておこう。

STEP⑤ 宣伝・前売券販売などを手分けして行う

宣伝・販売のときに使う、手配りチラシやWEB用チラシ画像、告知用にSNSで専用ページやイベント予定などを作っても良い。

STEP⑥ 当日のスケジュール表を作る

(1)集合時刻・場所、(2)事前準備の担当・時刻・方法、(3)受付開始時刻・担当・方法、(4)開場時刻・方法、(5)各イベントの予定時刻、(6)終了後の作業、(7)終了期限時刻、などをまとめた表を配る。**イベント監督や舞台監督**を決めておくと混乱が少ない。

● 上映会にも創造性を

完成後初めての上映（プレミア）なら、関係者の知人・友人を含めてたくさん来てくれるだろう。しかし上映会は一度よりも複数、できれば定期的にした方が認知度が高まり、集客につながりやすい。クリエイターが何人か集まって興行するなど、アイデアはさまざま。革新的な方法を編み出すのは、あなたかもしれない。

● 前売券と満席時の対応

(1)座席予約制なら、チケットに上映回と座席番号を入れる。

(2)自由席なら、前売券に満員で入場不可になる場合があることを記しておく（払戻し・次回優先・ディスク引換等の対応も）。

(3)枚数を座席数に合わすなら、チケットに上映回を記し、余った前売を当日分に回す。

● 入場整理の方法

開場前、受付で前売と当日券それぞれに順番付き整理券を渡す。開場したら前売分整理券の方から番号順に入ってもらい、その後当日分整理券の方に入ってもらう。

 + more!

高校生の頃、8mm映画を文化祭ではなく、学外の施設を借りて有料上映した。初めてお金を頂いて観てもらった、その時の経験が、今につながっている。外へ出て観客に出会おう。

4
感動をみんなに届けるコツ

観客を呼び込む
チラシ・ポスターの作り方

コツⒶ
チラシは表面でひきつける

● チラシで映画を宣伝

チラシは、置いておくだけだと 1,000 枚で 1 人も集客できないこともある。しかし、誰かに口づてで伝えるときには欠かせない補助ツールになる。良いチラシを作り、強力な宣伝に役立てよう。

① 王道は人の顔

人は、人間の顔に注意をひかれる習性がある。瞳がこちらを向いて目の中心になっていると、どの角度から見てもこちらを見ているように感じられ、気づかれやすい。

② 目立つ色は暖色系

目立つ色は、赤>黄 の順だと言われている。特に、彩度の高い暖色系は有毒生物の警告色や血液の色であり、本能的に目にとまる。

③ ひっかかるコピー

映画から視聴者が何を得られるか。一方的な説明ではなく、見た人の心の中の問題意識であったり潜在的欲望であったり、何かにひっかかるように意識する。

④ クレジット

下にクレジットなどを入れておくと、このデザインのまま B2 サイズに印刷すればポスターになる。

③ この先はどこに続くのだろう。

外へ出る

④　　監督：衣笠 竜屯　　出演：片岡 れいこ　山崎 遊

表面の例

● 古典的理論で理解

プロモーションの古典法則 **AIDA** で言えば、チラシの表は **Attention（注意）** をひき **Interest（興味）** をかき立てる役割。裏面はその興味を **Desire（欲望）** まで高め、**Action（行動）** につなげるのが役割だ。

＋more!

チラシがたくさん置いてある、ミニシアターや映画館に行って、チラシスタンドで目を肥やそう。その中で目につくチラシは何だろう。持って帰って参考にするのも良い。

4

感動をみんなに届けるコツ

POINT 手に取ってもらい、観たいと欲望をかきたて、観るための方法まで伝えるのがチラシだ。直感だけではなく、理論をふまえて作っていくことで、効果の高いチラシやポスターにしよう。

コツ⑤
裏面で欲望をかき立てて導く

① リードコピー
どんな映画か、ターゲットに分かる一行。

② ボディコピー
詳しい説明。どんな話？ どんな設定？ どんな楽しさ？ 具体的魅力を並べる。

③ アピールポイント
誰が出ている？ スタッフで有名な人は？ どこで撮った？ 観るべき理由、上映する理由などを紹介する。

④ エビデンス
他人の推薦や、プレミア上映の感想など、客観的目線からの証拠となる言葉。

⑤ スタッフやキャスト
役者たちの顔。自分たちで渡すのなら、監督やプロデューサーもあるといい。

⑥ サイトへの誘導
QRコードや検索語などで、WEB情報に誘導することもできる。

⑦ シタシロ
一番下は白い帯にしておく。上映別に、日時・場所などの情報を印刷したり、スタンプを押したりする。

① ある日突然、非日常の世界に逃避行した主婦の冒険
② STORY

③ 震災から甦った神戸の港街が物語の舞台に！
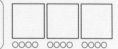
④ 「誰しもの心にある冒険心が」映画評論家　長嶺英貴 推薦

⑤ 監督／衣笠 竜屯
⑦ ○/○〜○/○　連日 20:00〜　⑥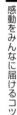
シアターセブン ○○○○○○○○○○○○○

裏面の例

4 感動をみんなに届けるコツ

● ドロー系ソフトで作成する
作るのは Illustrator やフリーの Inkscape など、ドロー系ソフトがよい。画像編集の Photoshop や GIMP でも可能だ。映画館のチラシは B5、ポスターは B2 サイズ。印刷業者にはトンボ（切り落としの指示マーク）付きの PDF などで入稿できる。ネット入稿できる格安チラシ印刷も増えてきた。高いが、枚数が少ないならコンビニ印刷も手軽。

+ more!
あなたはどんな映画なら観に行きたい？ 好きな俳優、監督、原作、ロケ地、テーマ、感動あるいは幻想などの味わい？ 未来の観客になったつもりで要素を散りばめよう。

TAKE 53 媒体特性をふまえた集客・宣伝をしよう

コツⒶ

情報の「らせん」を起こして映画を宣伝

さまざまな宣伝手段

●リアル
チラシや口づてなど、昔ながらの方法。やり方によっては、もっとも強力な手段だ。

●メディア
プレスリリースを利用して、メディア掲載を図る。動員という直接的効果よりも、信用や認知度向上に役立つ。

●ネット
手軽にできるうえに、他の手段で映画を知った人が、詳しく知るための手段として利用できる。SNSならば拡散効果も期待できる。

●相乗効果を狙え

人は情報に接する回数が増えるほど信用し、興味の度合いが高まる。それぞれの手段を連動させ、相乗効果を狙う宣伝計画を練ろう。手渡しチラシを配った記録をSNSで更新したり、ユニーク上映会をプレスリリースしたり、メディア掲載の実績をポスターに追加したり。やがてチラシから上映会に足を運んだ人がSNSに投稿し、それが次の観客を呼ぶ現象となり、メディアに掲載され、さらに観客を呼び…と、それぞれの手段がらせんのように回り始めたら大成功だ。

●宣伝を楽しもう

宣伝も、自分たちが楽しく続けていれば、知らないところで応援してくれる人、仲間になってくれる人が現れる。まずは、自分たちが目的を持って行うことだ。多くの観客が来場してくれる上映も、素晴らしい少数の観客が集まる上映も、どちらも価値がある。目指す目標を宣伝チームで共有すると、モチベーションが上がる。

放送局

監督、この映画の内容をひと言！

➕ more!

宣伝では、何かをお願いすることが多い。あなたの目的と、先方や関係者にとっての利益が何かを考えよう。Win-Winになる方法を作れれば、両者のらせんが回り始める。

4

感動をみんなに届けるコツ

> **POINT** あなたの映画に親近感を抱き、観るという行動をとり、人に薦めてもらう。そんなサイクルを作るのが宣伝だ。どんな場面でどのような手段で、そして何度触れてもらうか、計画しよう。

コツⓑ

媒体特性を理解して効果的に組み合わせる

●チラシは関連ある所に

置きチラシやポスターは、宣伝する内容と関係のないところに置いても効果がない。近郊のミニシアターなど、映画自体に関心が高い場所や、内容・テーマに関心が高い場所を狙って置くようにしよう。例えばカフェはそもそもチラシを持ってゆく人が少ないが、食がテーマの映画なら、チラシをそれに適して作れば、効果があるかもしれない。また、地域を絞ったポスティングも、上映会場が少ない地域なら効果がある。

●プレスリリースは話題性

新聞やテレビなど、各メディアへの取材を依頼する。地域版なら案外と取り上げてもらえる。A4・1枚に、箇条書きで数秒で概要が把握できるようにまとめ、FAXや郵送、メールなどで送付する。送付先は紙面やホームページに掲載されている。どこがユニークかという**ニュース性**を意識しよう。分かりやすい画像を載せても良い。こちらの連絡先は忘れずに。

●ネットも有効活用

各種ネットメディアへ拡散して情報を届ける。手軽だが、いかに多くの、遠くのつながりの人に届けるかが、工夫のしどころ。また、SNSのイベントページやカレンダーなどの機能を利用しよう。興味をもった人へのリマインダー（直前通知）ができるので効果的だ。情報の発信元として作品の公式WEBサイトを作っておくと、情報拡散のときはそのページへ誘導できるので、案内がシンプルになり、結果的に楽だ。上映会情報の更新もこまめにできる。

チラシは手渡しがいちばん！ / これ、私なんです！ / へぇ！

●コンタクトポイントを設計する

想定する人たちが、どこでどういう状況で、あなたの映画情報に接するかという**コンタクト・ポイント**をしっかり考えよう。例えば、チラシの手渡しなら、上映会場前で1カ月くらい前から配布するなど、観客が潜在している場所を選ぶこと。手渡し方も、なぜこのチラシを配っているのかなど、自己紹介を一言でも添えると効果的。出演者やスタッフや監督なら大抵の人は興味をもってくれる。

＋more!

ポスターをミニシアターなどに掲示する場合、役者のサインやチェキをポスターに貼ってゆく方法もある。常連客には、徐々に増える宣伝メッセージを楽しんでもらえる。

4 感動をみんなに届けるコツ

TAKE ㊿54 上映後の舞台挨拶は 作った人と観た人が出会う瞬間

コツⒶ

舞台挨拶は台本を作れば失敗しない

●成功する舞台挨拶の台本例

> **20:30 頃**
> **①司会者入場、挨拶**
> 司会者「写真撮影 OK、投稿など SNS 歓迎です。"#（ハッシュタグ）外に出る"でお願いします！」
> **②登壇者を呼び込み**
> **③登壇者の挨拶**
> 自己紹介は役者から始めて、監督で締める。一人あたり約1分程度（長引くときは司会者が機転を効かす）。個人的な告知は、事前に伝えてくれれば司会者が行う。
> 【時間があるようなら】
> **④エピソード**
> 撮影時の苦労話・エピソード・感想などを司会者から登壇者にふる。監督から始めて、途切れれば別の誰かに。
> **⑤観客との質疑応答**
> 観客に質問を呼びかける。手が挙がらなければ、司会者から質問など。
> **20:50 頃**
> **⑥〆の挨拶と写真撮影**
> 司会の挨拶の後、舞台上から客席に向けて集合写真を撮る。司会「写りたくない方はパンフや下を向くなどで顔を隠してください」とアナウンス。
> 登壇者も客席側に降りて、スクリーン側から写真撮影。
> **21:00 頃** 終了。全員会場から速やかに退出してもらう。

●観客と向き合う瞬間
最後に舞台挨拶をすることがある。観客と相対するときだ。緊張もするが、観客を鏡にして自分と向き合う時間ともなる。

●マイクは2本以上
舞台挨拶時のマイクは2本以上で、1本は司会が持ち、他は登壇者で受け渡す。

●入場は並び順で
登壇者はスクリーン前に並ぶ。並び順を決めておき、その順番で入場するとスムーズだ。

> **●一人でもできる**
> 映画作りも上映会も一人でできる。なにかのメモを未来の自分に書くことから始めてみる。そしてある日気づくと、あなたは誰かに物語を運んでいる。

 ➕more!

企画当初から映画の内容がぶれないよう、誰か一人の観客を設定しておくと良い。現実に観客と向き合ったとき、一人だと思っていた観客が、大勢いることに感激する。

4
感動をみんなに届けるコツ

（）

POINT 舞台挨拶は、観客という一人ひとりの人間に向き合う時間だ。「なぜみなさんの前に立っているのか」と語るとき、あなたは自分が本当は何を作ったのか、分かり始めることだろう。

コツ⑧
楽しい舞台挨拶のコツ

● 自己紹介で何を語るか
観客はあなたの何を知りたいだろう？ それは、「**なぜあなたはここに立っていて、話しているのか**」だ。それを語れば過不足はない。

● 笑顔で緊張をほぐす
緊張したら、ゆっくり一呼吸して、にっこり客席に笑いかけよう。そして他の登壇者の話を聞いてリアクションする。普通の会話でそうするように。

● 観客の反応が厳しい？
観客から厳しい批判を受けるときもある。「**そうじゃない**」と思うこともあるが、**受け止め方は人それぞれなのだ**と、素直に耳を傾けよう。ただし、その批判が正しいとは限らない。考え方のひとつなのだ。

● 観客の反応を活かす
観客の反応がどのようであれ、あなたが作った映画が起こした現象を、しっかり覚えておこう。その記憶を糧に、さらなる創作に役立てるのだ。

ぼくは今、18歳で初めて舞台挨拶をしています。でもきっと30になっても、50になっても、こうやって挨拶していると思います。その時には、またお会いしましょう。

● なぜ私はここに立ち、話しているのか？
なぜ、自分が観客の前に立って話しているか、という問いは、そのまま「**なぜ私はこの映画を作って、あなたに見せているのか**」につながる。映画のように長い時間をかけて創作をすると、何度も何度も「**私はなぜこの作品を作っているのか**」と自問する。この質問を深く掘り下げてゆくことが、作者のあなたのコアな部分と、観客一人ひとりの心とが通じる魔法を生む。簡単な結論では自分をごまかしている可能性が高い。掘り下げよう。

 ＋more!

映画に正解はない。絶対的な点数もない。誰かの心が動くかどうかだけだ。あなたの思いを、正直に届けられたかどうか。今回の観客とはどうだったろうか？

映画祭やコンテスト
映画を届ける側になろう

コツ A
映画を届ける人になる

● 映画は観られたがっている

どんなに良い映画でも、観られなければ成立しない。映画の楽しさは、制作者と観客の間で上映と作品への評価やフィードバックの輪がつながることで、らせん状に膨らんでいく。しかし、この関係を満たす機会は不足している。あなたがその機会を作るなら、それも映画への参加であり貢献だ。だって映画は観られたがっているのだから。

● 映画祭を開催する

あなたが映画祭を開催することも可能だ。何もないところから始めるなら、まずコンテストを開催して自主制作映画などの上映作品を集めることから取り組んではどうだろう。応募条件や審査でユニークなセレクションをすれば、注目度の高い映画祭を生み出せる。

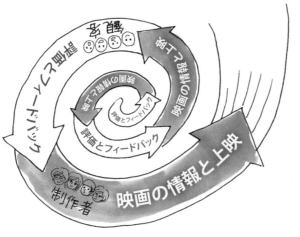

● 映画選択の眼に創造性を

映画祭成功のカギは、セレクションにある。遠くの異国の人が作った映画も、この街でロケされた映画も、近い考え方の映画も、理解しがたい考え方の映画も、それぞれに楽しさがある。映画のダメさを楽しむことさえできる。雑多な映画を、どのような目線で選んで、観客に楽しんでいただくか。それを作り出すのはとても創造的な仕事だ。（P140の菅野 健太、星野 零式のコラムもどうぞ）

⊕ more!

映画を評論するのも、つなぐ方法。公開規模の小さな映画だと、感想を公開で書くと感謝されたりもする。あなたの短文が、新たな観客の感動や次の作品を生むかもしれない。

POINT 映画には制作者と観客以外にも、その間をつなげる人物が必要だ。観た映画の感想・評論を書いたり、コンテストや映画祭を開催したり。制作者と観客をつないで、映画を届ける人になろう。

コツ❽

コンテストの開催方法

STEP① スケジュール・内容を決める

- **日程**：作品募集期間、審査期間など
- **場所と会場**：上映や受賞イベントなど
- **内容**：舞台挨拶やトークショー、授賞式、その他付属イベントなど

STEP② 作品を募集する

- **告知先**：公募サイト、雑誌など
- **応募条件**：作品の長さ、提出方法とメディア、テーマなど
  ※出品費を設定して、開催費用に充てることもできる。
- **提出要綱**：提出者・連絡先、長さ・形式、上映時の注意事項、監督など主要スタッフ・キャスト表、宣伝用の文章・画像（チラシ・パンフレットなどに載せる）

STEP③ 審査

- **一次審査**：できるだけ多くの人数で実施
- **二次審査以降**：一次審査で絞り込まれた中から、上映する作品と上映順を決定
- **最終審査**：入賞作品・各賞を決定

STEP④ 上映・イベントを行う

- **集客**：チラシやプレスリリースや、ネットなどで宣伝
- **案内**：上映作品関係者に来場や舞台挨拶の案内・確認
- **スタッフ**：責任者、演出監督、各担当、司会者などを決める
  （上映会は TAKE51 参照）
- **演出**：参加者と観客のための演出（観客賞の投票など）

STEP⑤ 賞を発表し、授賞式を行う

- **発表**：審査結果の発表
- **記念品**：トロフィー、賞状類、コンテストに合った賞品・特典や賞金なども

STEP⑥ 記録を公開する

WEB などに、入賞・上映作品、イベントの模様などを公開して、歴史を作ってゆく。上手くいけば、回数を重ねるごとに参加者が増える。

●審査基準は共有する

一次審査は見る時間が膨大になるので、手分けせざるを得ないこともある。審査員間で選択や点数化の基準を定め、一致させておく。落選作品に対しても、一言コメントを送ると次回以降につながる。最終審査では、ゲスト審査員や審査委員長を設けてもよい。

4

感動をみんなに届けるコツ

●小さく生んで育てる

最初から大きくなくてもよい。8mm フィルム時代の話だが、観客動員は第1回10人、2回目30人から、5回目には 300 人に、応募は最初 10 本ほどだったのが最後には 600 本を超えたものもある。地道に続けることが大切だ。

＋more!

映画を客観的に評価するには、スキルと経験と見識が必要だ。一次審査で傑作を見落とさないよう、審査員に実力のある人を揃える努力が、コンテストのクオリティを決める。

フィルムメーカーの総合格闘技イベント「The 48 Hour Film Project」

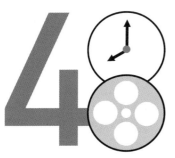

The 48 Hour Film Project（48HFP）とは

プロ・アマ問わず、全世界のチームが同じルールで挑み、脚本、撮影、編集、すべての映画制作の過程を48時間以内で行い、1本の短編映画を完成させるという、映画制作コンペティションであり、過酷で刺激的な映像界の総合格闘技です。

2001年以来、世界各都市（日本では大阪・東京）で開催され、2018年は約130都市、7万人近い参加者により5千もの映画が作られました。各都市の最優秀作品は、世界各都市の代表と競い、その中の15作品は、カンヌ映画祭短編映画部門で上映されます。

48HFP の流れ

48HFPは、全員ボランティアであることが義務です。割りに合わない挑戦であるにもかかわらず、瞬く間に世界に伝播した理由は、充実感がそれだけ大きいからにほかなりません。

事前にエントリーしたチームは、定められた日時に、**キックオフイベント**会場で、お題（ジャンル、登場人物、セリフなどのルール）を受け取り、各々で映画制作を開始します。

プロは新たな魅力を見出し、学生は底力を発揮し、役者は鼓動を高鳴らせる。あらゆる参加者にとって、この2日間は特別な経験となります。

上映、表彰、そして世界へ

開始から48時間後の**ドロップオフイベント**会場で、カウントダウンが行われ、各チームは時間内に作品と各種書類を提出し、制作期間は終了です。後日、上映会や授賞式が行われます。

地域フィルムコミュニティの拡大を目的としつつ世界へとつながるコンペティションとして、48HFPはこの週末も世界のどこかで開催されています。

森 亮太 プロデューサー
http://48hfp.fffproduction.com/index_japan.html

※2019 の実際の記録です。

48HFP 大阪大会 参戦記（衣笠組 VS 鬼村組）

カウントダウン
START 48:00▶
[10/18(金)19:00]

●キックオフイベント会場で各組がお題を確認

キャラクター：下菊葉月　職業：姑　小道具：水筒
台詞："今はそれくらいでいいだろう"
くじ引きで各チームのジャンルが決まる。

36:00▶
[10/19(土)7:00]

▲衣笠監督

【衣笠組】ジャンル：気候
気候のお題をどう消化するか、作戦会議。
その後、徹夜でシナリオ班が制作。
2日目、シナリオが出来上がり撮影開始。

▲鬼村監督

【鬼村組】ジャンル：動物
翌日早朝、関西悪役俳優・海道力也はじめ、
怖そうな面々たちがロケ地の校舎に現れ…。

24:00▶
[10/19(土)19:00]

夜にアフレコが終了、
監督が自宅で編集
を開始。夜通しス
タッフも協力。

シナリオを
作ったものの、
アドリブ満載の撮影が順調に進む。

12:00▶
[10/20(日)7:00]

下菊家の一族

BANZAI FILMS
ANIMAL BUSTERS
2019　11・3

00:23:05

「嵐を鎮めようとする下菊
家の一日」をなんとか7分
に収めて、会場へGO!

夕方から、スタッフと共に
監督が自宅で編集作業。
「動物退治を資金源にす
る極道組織のドタバタ」
を余裕の時間内で提出!

GOAL 00:00▶
[10/20 日 19:30]

◆ドロップオフイベント

双方無事到着&提出。お疲れ様！

ここでは、ベテラン・衣笠監督（本書の監修者）と新鋭・鬼村悠希監督を取り上げましたが、
大阪大会は全28組参加し、鬼村組が作品賞2位をはじめ4部門で受賞しました。

フィルムメーカーたちの体験談③

カンヌへの道のり、わずか 48 時間

谷川 ケン 監督 / 代表作『勝利の選択』

　監督としてやり残した夢……「**カンヌ国際映画祭のレッドカーペットを歩きたい！**」そんな夢が 48 時間で叶うという「**The 48 Hour Film Project**」に、40 代半ばからの挑戦。ウォルト・ディズニーの言葉「すべては夢みることから始まる」を胸に、カンヌへの道を歩き始めた。

　そのチャンスは早くも 2 度目の挑戦で目前に。国内で優勝し、シアトルで開催された世界大会へ。しかし、世界の高い壁に敗れ無念の帰国。その後も折れることなく、シアトルで目の当たりにした「映画をシンプルに楽しむ観客の姿」から「世界の娯楽」を意識した作品作りへシフト。そして 6 度目の挑戦で、国内 2 度目の優勝、オーランドで開催された世界大会へ。世界中の観客の笑い声と歓声、大きな拍手、それらのストレートな反応がそのままカンヌへの切符に。

　2019 年。遂にカンヌ国際映画祭のレッドカーペットの上へ。夢にまで見たカンヌのお祭り空間、憧れの監督と同じ日、同じ場所を歩く、そんな夢の実現にただただ感動でした。しかし、赤い絨毯の上で強く感じたのは、これでゴールではないということ。もっといい映画を！作品ありき！　という気持ちが強くなり、むしろ「**カンヌはスタート地点**」だと考えが変わる。

　これからのフィルムメーカーに伝えたいこと、それは、すべては夢みることから始まる……ということ。そして現実に撮ってみる……ということ。作品ありきだということ。

映画を見せることは命がけ

長嶺 英貴 映画評論家

© ENTERTOP

　高校時代に地元の映画館でアルバイトをしていた。映写技師の大石氏はどんなに古いフィルムでも、指をループの部分に触れて一度も切らさずに上映する神業を持っていた。稀少な古典映画見たさに、遠方からも見に来られた観客は 300 人。しかしそのフィルムはボロボロでまるでカミソリのように大石氏の指を切り続けた。私はその横で血がレンズにつかないようにタオルで抑えていたのだ。

　「**覚えておけ、映画を見せることは命がけなんだ！**」

　上映後、数人の若い観客が苦労を労いに大石氏に会いたいと言ってきた。「俺の子供たちが帰ってきた」。戦時中、大石氏は戦場のニュースフィルムの映写技師だった。次女が病死したことを映写が終わるまで知らされなかった。大阪大空襲で家族全員を失った。孤独にさいなまれながらも戦後の荒廃に挑み、国は違っても人々の心をつなぐ文化こそ映画であると信じ、映画館から映画を発信し続けた生涯だった。

　私は大石氏を忘れられず、脚本を書いて舞台を実現することができた（『今宵も映画館より愛を込めて』演出・稲森誠　映像・大木ミノル）。私は大石氏に教えられた。映画こそ平和と共感の架け橋なのだと。

秘伝ツールを使うコツ

Special Tools ［お役立ち道具］

あるとないでは大違い！ 企画段階や現場での効率を高めるさまざまな用紙とデータ。30年の経験を通して磨いてきた、映画作りで役に立つ秘伝ツールをぜひ活用してほしい。本書からコピーをしたり、監修者のサイト「映画制作の教科書」（※）からもダウンロードできるようにしている。

※ http://filmmakebook.minatokan.com

TAKE
56

映画の大まかな構成を分析する 映画分析シート

※右ページの「映画分析シート」をコピー（できればA4サイズに140%拡大）して使用しよう。

映画分析シートの使い方
（TAKE05 参照）

●映画を観ながら用紙に書き込むことで、内容を分析できる。次の手順で書き込む。

STEP① 映画の上映時間（家庭用再生ソフトなどでタイトルなどを除いた物語自体の時間が分かる場合はそちら）を最初と最後に記入。

STEP②（時間計算機アプリなどを利用して）**1/16** ごとの時間を記入。

STEP③ 映画を観ながら **1/16** ごとに、画面に写っている**場所と人**をメモする。人は○、場所は□で囲むと分かりやすい。余裕があれば、出来事・アイテムなどもメモする。

STEP④ 映画が終わったら、書き込んだ内容を見直す。

記入例：『ローマの休日』→

POINT　既存の映画の構成を分析するための、映画分析シート。好きな映画や、テクニックを盗みたい映画を分析してみよう。長編映画も、小さなパートに分けて考えると物語の仕組みが見えてくる。

※監修者のWEBページ「映画制作の教科書」http://filmmakebook.minatokan.com

5
秘伝ツールを使うコツ

映画分析シート

区分	第一幕				第二幕前半				第二幕後半				第三幕			
起承転結	起				承				転				結			
詳細	起—起	起—承	起—転	起—結	承—起	承—承	承—転	承—結	転—起	転—承	転—転	転—結	結—起	結—承	結—転	結—結
テーゼ	テーゼ 序				アンチテーゼ 破				アンチテーゼ 破				ジンテーゼ 急			
No.	01 (1-1)	02 (1-2)	03 (1-3)	04 (1-4)	05 (2-1)	06 (2-2)	07 (2-3)	08 (2-4)	09 (3-1)	10 (3-2)	11 (3-3)	12 (3-4)	13 (4-1)	14 (4-2)	15 (4-3)	16 (4-4)
TP				1TP				MP				2TP				

START … … END

TAKE **57**

映画の大まかな構成を考える
物語シート

※右ページの「物語シート」をコピー（できれば A4 サイズに 140% 拡大）して使用しよう。
監修者の WEB ページ「映画制作の教科書」http://filmmakebook.minatokan.com

物語シートの使い方 （TAKE06 参照）

● 物語を考えるときや分析するときに、シートに書き込んで考える。

● コツは、決まっているところから書き出す。全部決まってなくても良い。

● 物語の抜けや展開のバリエーションなどをシートから見出す。

● 重要で大きな区分けは左に。　　　　● 小分けした細かいものほど右に書く。

物語シート　作品名：外へ出る　ジャンル：ドラマ　日付：

START ▶ → オープニング・イメージ
裕子、家にいる

セットアップ
テーマの提示
ゴミを出す ── 近所の主婦たち
きっかけ　　　　　　　　　　夫、あいさつもせず会社へ

第一幕・起　テーゼ

旅立ちへのためらい　家の前でためらう

1TP ▶ **第1ターニングポイント**　電車で出かけた裕子 〜 知らない街で降りる

お楽しみ　　（出会う）海岸、順、裕子の写真を撮る
サブプロット
お楽しみ　　順のカフェ、写真を撮られる

第二幕前半・承

アン　　　　　ヌードを撮られる

POINT 映画の大まかな構成を、1 枚の紙で考えたり把握できるように
するのが物語シートだ。決まっているところから書き出してい
くことで、物語の抜けや構成のバリエーションが見えてくる。

※参考文献…『SAVE THE CAT の法則 本当に売れる脚本術』ブレイク・スナイダー 著 菊池淳子 訳

5 秘伝ツールを使うコツ

130

物語シート　　作品名：　　　　　　　ジャンル：　　　　　　　日付：

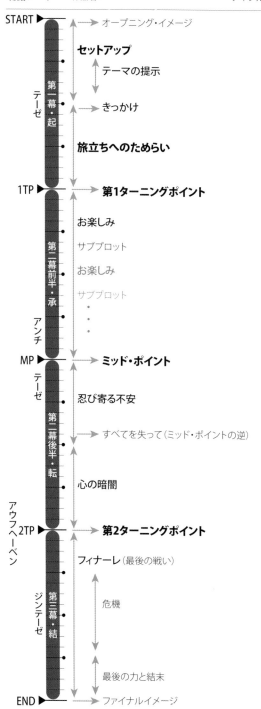

START ▶ ‥‥➤ オープニング・イメージ

セットアップ

┊ テーマの提示

‥‥➤ きっかけ

旅立ちへのためらい

1TP ▶ ──➤ **第1ターニングポイント**

お楽しみ

サブプロット

お楽しみ

サブプロット

・
・
・

MP ▶ ──➤ **ミッド・ポイント**

忍び寄る不安

‥‥➤ すべてを失って（ミッド・ポイントの逆）

心の暗闇

2TP ▶ ──➤ **第2ターニングポイント**

フィナーレ（最後の戦い）

┊ 危機

┊ 最後の力と結末

END ▶ ──‥➤ ファイナルイメージ

第一幕・起　テーゼ

第二幕前半・承　アンチテーゼ

第二幕後半・転　テーゼ

第三幕・結　ジンテーゼ

アウフヘーベン

TAKE
58

物語の構造を整える 起承転結ブロック用紙

※右ページの「起承転結ブロック用紙」をコピー（できれば A4 サイズに 140% 拡大）して使用しよう。
監修者の WEB ページ「映画制作の教科書」http://filmmakebook.minatokan.com

起承転結ブロック用紙の使い方（TAKE06 参照）

●物語を構造化して組み立てるためのシート。2 時間の長編でも、1 分程度の小さなお話に分けて考えられる。

STEP① まず大きな起承転結を縦に書く（Ⓐ）。これだけであらすじや**短編映画のプロット**になる。

STEP② ①のそれぞれを、さらに起承転結に分けて書く（Ⓑ）。**中編映画のプロット**ができる。

STEP③ ②のそれぞれを、さらに起承転結に分けて書く（Ⓒ）。2 時間の**長編プロット**ができる。

●コツは、とりあえず「**結**」を書き、次にその逆の状態「**起**」を書くこと。その間の変化を「**承転**」で観客を**じらし**ながらつなぐ。

●主人公は誰で、その何が変わるか[**Xa→Xb**]を意識して書き入れる。

起承転結ブロック用紙	起 第一幕 序	承 第二幕前半 アンチテーゼ 破	転 第二幕後半 アンチテーゼ 破	結 第三幕 ジンテーゼ 急
（Ⓐ の段）	裕子、家を出る（謝りながら見送っている…）	裕子、川で頂上を撮る（写真を撮ろう）	裕子、川で頂上を撮ろうとするが、様子がおかしい	裕子、順、別れる。家へ
起	朝ゴミを出し、会社へ。ゴミ捨て夫婦で捕まる（写真撮られる…？）Ⓒ	はゆらない感じ	川で頂上を撮りたがる	様子がおかしい、順の写真を撮る
承	家／ゴミ捨て夫婦で捕まる…	川で頂上と出会う	様子がおかしい	2人別れた
転	家の前で出かかう 電車の中	川で頂上と写真を撮られる	2人近づく	順からのプレゼントが気に入るのでたかからうみち
結	ムードを撮られる	どうしても順を撮りたい		サインを書い？で自分を撮る

POINT 起承転結で分けて考えていくことで、長編も短編も同じように物語を考えていくことができる。先に「結」を書いてから、その逆の状態を「起」として書き込むのがコツだ。

5 秘伝ツールを使うコツ

起承転結ブロック用紙								
起 第一幕 テーゼ 序								起
承 第二幕前半 アンチテーゼ 破								承
転 第二幕後半 アンチテーゼ 破								転
結 第三幕 ジンテーゼ 急								結

TAKE 59

記録用紙は撮影時に欠かせない
ポスプロへの報告書

※右ページの「記録用紙」をコピー（できれば A4 サイズに 140% 拡大）して使用しよう。
監修者の WEB ページ「映画制作の教科書」http://filmmakebook.minatokan.com

記録用紙の使い方 （TAKE37 参照） ※右ページが記録用紙

● 撮影時の情報を、編集担当へ伝えるためのもの。混乱を防いで、編集時間を短くできる。
● 動画と録音の収録が別々のときは、対応が分かるようにファイル名をつける。

S#：シーンナンバー

Sh#：ショットナンバー

T#：テイクナンバー
ショットごとに 1 から。
NG はリテイク。

時刻：作成時刻で
ファイルを探せる。

ショット内容：誰が・どんなサイズで。

OK：使用可。
Keep：使用可だがリテイクする。
NG：使用不可。

カメラファイル名：動画ファイル名。
複数カメラの場合はそれぞれを。

同録ファイル名：録音ファイル名。

長さ：そのテイクの長さ。

※赤○囲みは忘れずに。

No：その日の何枚目か。

作品名と撮影日
は忘れずに。

備考：
現場で気づいたこと
も書き入れておく。

記録用紙　作品名： タレへ出る　　　撮影日 2020 年　1 月 15 日　NO. 2

S#	Sh#	T#	時刻	ショット内容/何処でカット?/留意事項	OK/Keep/NG(理由)	カメラ:ファイル名	同録:ファイル名	長さ(分:秒)	備考
7	2	2	9:25	裕子アップ	OK/Keep/~~NG~~ セリフまちがい	014	1013	:	
		3	9:37	〃	OK/Keep/NG	015	1018	:	雲がくろちょっと暗いかもと.カメラさん
7	3	1		順追う（ロング）	OK/Keep/NG	017	1020	0:27	
16	1	1	11:02	裕子走る!（フル）	OK/Keep/NG	018	1023	:	録音少しノイズが入る。

POINT　記録用紙は、撮影班からポスプロ班への報告書。編集時に、素材を整理する時間を短くできる。撮影と編集が同じ人でも、撮影時の混乱や忘れたりがあるので欠かせない。特に長編では必須だ。

5 秘伝ツールを使うコツ

記録用紙　　作品名：　　　　　　　　　　　　　　　　撮影日　　　年　　　月　　　日　NO.

S#	Sh#	T#	時刻	ショット内容/どこでカット?/留意事項	OK/Keep/NG (理由)	カメラ： ファイル名	同録： ファイル名	長さ： (分：秒)	備考
			：		OK / Keep/ NG			：	
			：		OK / Keep/ NG			：	
			：		OK / Keep/ NG			：	
			：		OK / Keep/ NG			：	
			：		OK / Keep/ NG			：	
			：		OK / Keep/ NG			：	
			：		OK / Keep/ NG			：	
			：		OK / Keep/ NG			：	
			：		OK / Keep/ NG			：	
			：		OK / Keep/ NG			：	
			：		OK / Keep/ NG			：	
			：		OK / Keep/ NG			：	

備考

TAKE
60
準備や現場で使える
各種データ集

※監修者のWEBページ「映画制作の教科書」http://filmmakebook.minatokan.com

●日の出・日の入り 早見表　　※参考/国立天文台の暦計算室

夕焼けって、何時に撮るの？　今日はいつまで太陽が出ているの？

・**ブルーアワー**：日の入後と日の出前の、約40分間。刻々と光の色と量が変わる。光の方向と影が消えている。空が明るい状態の時は、一見晴天だが柔らかい不思議な光になる**マジックアワー**。

・**ゴールデンアワー**：日の出後と日の入前、約40分間。刻々と光の色と量と角度が変わる。太陽が低く斜めの光線で、オレンジ色になる。いわゆる**朝焼け**や**夕焼け**。

日の出・日の入り　早見表　東京　2020年						
	ブルーアワー始（およそ）	日の出	ゴールデンアワー終（およそ）	ゴールデンアワー始（およそ）	日の入	ブルーアワー終（およそ）
1月1日	6:10	6:50	7:30	15:58	16:38	17:18
2月1日	6:02	6:42	7:22	16:28	17:08	17:48
3月1日	5:31	6:11	6:51	16:56	17:36	18:16
4月1日	4:48	5:28	6:08	17:23	18:03	18:43
5月1日	4:09	4:49	5:29	17:48	18:28	19:08
6月1日	3:47	4:27	5:07	18:12	18:52	19:32
7月1日	3:49	4:29	5:09	18:21	19:01	19:41
8月1日	4:09	4:49	5:29	18:05	18:45	19:25
9月1日	4:33	5:13	5:53	17:28	18:08	18:48
10月1日	4:56	5:36	6:16	16:45	17:25	18:05
11月1日	5:23	6:03	6:43	16:06	16:46	17:26
12月1日	5:52	6:32	7:12	15:48	16:28	17:08

5
秘伝ツールを使うコツ

露出値早見表　1/3ステップ			
明るさ	1	5/6	4/6
2	F0.7	F0.8	F0.9
1	F1.0	F1.1	F1.2
1/2	F1.4	F1.6	F1.8
1/4	F2.0	F2.2	F2.5
1/8	F2.8	F3.2	F3.5
1/16	F4.0	F4.5	F5.0
1/32	F5.6	F6.3	F7.1
1/64	F8	F9	F10
1/128	F11	F13	F14
1/256	F16	F18	F20
1/512	F22	F25	F29

● レンズの露出値早見表

明るさとレンズの露出値（F値・Fナンバー・絞りともいう）の関係。露出値が小さいと明るく、大きいと暗い。縦1段で1絞り。2倍の明るさ。横1段で1/3絞り。例えば露出値が1.8のレンズと3.5のレンズを比較した場合、1.8のレンズの方が4倍明るい。

F値とは

$$F = \frac{レンズの焦点距離（結像の面積が変わる）}{レンズの有効口径（入る光の量が変わる）}$$

露出値の小さいレンズを、明るいレンズという。明るいレンズほどシャッタースピードを速くできるので、ハイスピードレンズともいう。

●各種カメラのセンサーサイズ比較

フィルム映画カメラ、デジタルミラーレス、デジタル一眼、デジタルコンパクトカメラ、フィルム写真カメラ、ビデオカメラ、スマホなどの映像センサーの大きさ比較。センサーが大きくなるとボケる量が多くなる。また、写る範囲も大きくなり、入る光の量も増える。

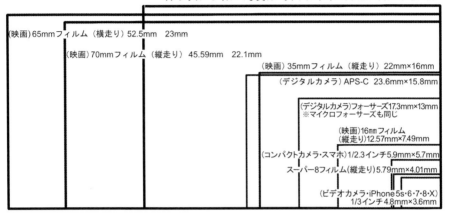

（デジタル・フィルム写真カメラ）フルサイズ35mm　36mm×24mm

（映画）65mmフィルム（横走り）52.5mm　23mm

（映画）70mmフィルム（縦走り）45.59mm　22.1mm

（映画）35mmフィルム（縦走り）22mm×16mm

（デジタルカメラ）APS-C　23.6mm×15.8mm

（デジタルカメラ）フォーサーズ17.3mm×13mm
※マイクロフォーサーズも同じ

（映画）16mmフィルム
（縦走り）12.57mm×7.49mm

（コンパクトカメラ・スマホ）1/2.3インチ5.9mm×5.7mm

スーパー8フィルム（縦走り）5.79mm×4.01mm

（ビデオカメラ・iPhone5s・6・7・8・X）
1/3インチ4.8mm×3.6mm

●一般的なスクリーンサイズ（アスペクト比）

画面の縦横比はさまざまだ。映画館で観ている映画や予告編・CFでも、ヨーロピアンビスタだったり、アメリカンビスタだったり、シネスコサイズだったりと、ばらばら。作るときは、どのサイズで視聴されたいのかをきちんと決めよう。

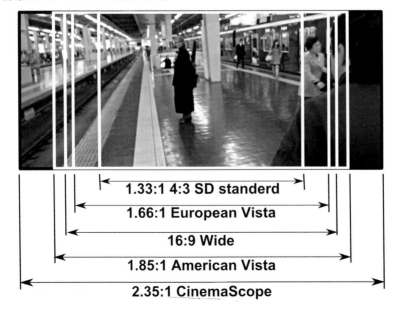

1.33:1 4:3 SD standerd

1.66:1 European Vista

16:9 Wide

1.85:1 American Vista

2.35:1 CinemaScope

● 撮影時の被写界深度（DOF）早見表 ピントが合う範囲を示す。※スマホのDOFアプリも便利。
APS-C サイズセンサーのカメラ用（許容錯乱円 0.019mm で計算）。例えば、50mm のレンズでピントを 2m の距離にして絞りを F5.6 にすると、1.85〜2.18mの範囲（33 ㎝）にピントが合う。理論値なのであくまでも目安に。[過焦点距離：この距離に合わせると、この半分から無限遠までピントが合う。パンフォーカス（TAKE32）な画面を作るのに便利だ。]

レンズ焦点距離(f) 18mm	絞り(F)	2	2.8	4	5.6	8	11	22
	過焦点距離	8.54m	6.05m	4.28m	3.03m	2.15m	1.53m	0.77m
	撮影距離							
	0.5m	0.47m - 0.53m	0.46m - 0.54m	0.45m - 0.56m	0.43m - 0.60m	0.41m - 0.65m	0.38m - 0.74m	0.30m - 1.39m
	1.0m	0.90m - 1.13m	0.86m - 1.19m	0.81m - 1.30m	0.75m - 1.48m	0.68m - 1.85m	0.61m - 2.87m	0.43m - ∞
	3.0m	2.22m - 4.61m	2.01m - 5.94m	1.77m - 10.0m	1.51m - 278m	1.25m - ∞	1.01m - ∞	0.61m - ∞
	5.0m	3.16m - 12.0m	2.74m - 28.8m	2.31m - ∞	1.88m - ∞	1.50m - ∞	1.16m - ∞	0.66m - ∞

レンズ焦点距離(f) 24mm	絞り(F)	2	2.8	4	5.6	8	11	22
	過焦点距離	15.2m	10.7m	7.60m	5.38m	3.81m	2.70m	1.36m
	撮影距離							
	0.5m	0.48m - 0.52m	0.48m - 0.52m	0.47m - 0.53m	0.46m - 0.55m	0.44m - 0.57m	0.42m - 0.61m	0.37m - 0.78m
	1.0m	0.94m - 1.07m	0.92m - 1.10m	0.89m - 1.15m	0.85m - 1.22m	0.80m - 1.35m	0.73m - 1.57m	0.58m - 3.68m
	3.0m	2.51m - 3.73m	2.35m - 4.15m	2.15m - 4.94m	1.93m - 6.75m	1.68m - 14.0m	1.42m - ∞	0.93m - ∞
	5.0m	3.76m - 7.44m	3.41m - 9.33m	3.02m - 14.6m	2.59m - 69.9m	2.16m - ∞	1.75m - ∞	1.06m - ∞
	7.0m	4.79m - 13.0m	4.24m - 20.0m	3.64m - 88.0m	3.04m - ∞	2.46m - ∞	1.94m - ∞	1.13m - ∞

レンズ焦点距離(f) 35mm	絞り(F)	2	2.8	4	5.6	8	11	22
	過焦点距離	32.3m	22.8m	16.2m	11.4m	8.09m	5.73m	2.88m
	撮影距離							
	0.5m	0.49m - 0.51m	0.49m - 0.51m	0.49m - 0.51m	0.48m - 0.52m	0.47m - 0.53m	0.46m - 0.54m	0.43m - 0.60m
	1.0m	0.97m - 1.03m	0.96m - 1.04m	0.94m - 1.06m	0.92m - 1.09m	0.89m - 1.14m	0.86m - 1.20m	0.75m - 1.51m
	3.0m	2.75m - 3.30m	2.65m - 3.45m	2.53m - 3.68m	2.38m - 4.05m	2.19m - 4.75m	1.97m - 6.25m	1.47m - ∞
	5.0m	4.33m - 5.91m	4.11m - 6.39m	3.82m - 7.23m	3.48m - 8.86m	3.09m - 13.0m	2.67m - 38.8m	1.82m - ∞
	7.0m	5.76m - 8.93m	5.36m - 10.1m	4.89m - 12.3m	4.34m - 18.0m	3.75m - 51.6m	3.15m - ∞	2.03m - ∞

レンズ焦点距離(f) 50mm	絞り(F)	2	2.8	4	5.6	8	11	22
	過焦点距離	65.8m	46.6m	32.9m	23.3m	16.5m	11.7m	5.87m
	撮影距離							
	1.0m	0.99m - 1.01m	0.98m - 1.02m	0.97m - 1.03m	0.96m - 1.04m	0.95m - 1.06m	0.92m - 1.09m	0.86m - 1.20m
	1.5m	1.47m - 1.53m	1.45m - 1.55m	1.44m - 1.57m	1.41m - 1.60m	1.38m - 1.65m	1.33m - 1.71m	1.20m - 2.00m
	2.0m	1.94m - 2.06m	1.92m - 2.09m	1.89m - 2.13m	1.85m - 2.18m	1.79m - 2.27m	1.71m - 2.40m	1.50m - 3.01m
	3.0m	2.87m - 3.14m	2.82m - 3.20m	2.75m - 3.30m	2.66m - 3.44m	2.54m - 3.66m	2.39m - 4.02m	1.99m - 6.09m
	5.0m	4.65m - 5.41m	4.52m - 5.60m	4.35m - 5.89m	4.12m - 6.35m	3.84m - 7.15m	3.51m - 8.71m	2.70m - 33.6m
	7.0m	6.33m - 7.83m	6.09m - 8.23m	5.79m - 8.88m	5.39m - 9.98m	4.92m - 12.1m	4.38m - 17.4m	3.19m - ∞
	10.0m	8.69m - 11.8m	8.24m - 12.7m	7.68m - 14.3m	7.00m - 17.5m	6.23m - 25.3m	5.39m - 69.2m	3.69m - ∞
	20.0m	15.3m - 28.7m	14.0m - 35.0m	12.4m - 50.8m	10.8m - 141m	9.04m - ∞	7.37m - ∞	4.51m - ∞

レンズ焦点距離(f) 85mm	絞り(F)	2	2.8	4	5.6	8	11	22
	過焦点距離	190m	135m	95.2m	67.3m	47.6m	33.7m	16.9m
	撮影距離							
	2.0m	1.98m - 2.02m	1.97m - 2.03m	1.96m - 2.04m	1.94m - 2.06m	1.92m - 2.08m	1.89m - 2.12m	1.80m - 2.26m
	3.0m	2.95m - 3.05m	2.94m - 3.07m	2.91m - 3.09m	2.88m - 3.14m	2.83m - 3.20m	2.76m - 3.28m	2.56m - 3.63m
	5.0m	4.87m - 5.13m	4.82m - 5.19m	4.75m - 5.27m	4.66m - 5.39m	4.53m - 5.58m	4.36m - 5.86m	3.87m - 7.07m
	7.0m	6.75m - 7.26m	6.66m - 7.38m	6.53m - 7.55m	6.35m - 7.80m	6.11m - 8.19m	5.81m - 8.81m	4.96m - 11.9m
	10.0m	9.50m - 10.6m	9.31m - 10.8m	9.06m - 11.2m	8.71m - 11.7m	8.27m - 12.6m	7.72m - 14.2m	6.29m - 24.4m
	20.0m	18.1m - 22.3m	17.4m - 23.5m	16.5m - 25.3m	15.4m - 28.4m	14.1m - 34.4m	12.6m - 49.1m	9.15m - ∞

●各レンズ・カメラの画角表

どの範囲が写るのか？ そのロケ場所で狙ってるロングサイズは撮れるのか？ ロケハンに持っていくと便利。例えば、撮影対象が 10m 先になる場合、フルサイズのカメラなら、12mm のレンズを持っていけば、横30m・縦16.9mの範囲を写すことができると分かる。あくまでも目安として。

APS-C センサーサイズ 22.6mm	レンズ焦点距離（f） カメラからの距離	12mm		18mm		35mm		50mm		85mm		135mm		200mm	
		水平	16:9での垂直	水平	16:9での垂直	水平	16:9での垂直	水平	16:9での垂直	水平	16:9での垂直	水平	16:9での垂直	水平	16:9での垂直
	0.3m	0.57m	0.32m	0.38m	0.21m	0.19m	0.11m	0.14m	0.08m	0.08m	0.04m	0.05m	0.03m	0.03m	0.02m
	0.5m	0.94m	0.53m	0.63m	0.35m	0.32m	0.18m	0.23m	0.13m	0.13m	0.07m	0.08m	0.05m	0.06m	0.03m
	1.0m	1.88m	1.06m	1.26m	0.71m	0.65m	0.36m	0.45m	0.25m	0.28m	0.16m	0.17m	0.09m	0.11m	0.06m
	1.5m	2.8m	1.6m	1.9m	1.1m	0.97m	0.54m	0.68m	0.38m	0.4m	0.22m	0.25m	0.14m	0.17m	0.1m
	2.0m	3.8m	2.1m	2.5m	1.4m	1.29m	0.73m	0.9m	0.51m	0.53m	0.3m	0.33m	0.19m	0.23m	0.13m
	5.0m	9.4m	5.3m	6.3m	3.5m	3.23m	1.82m	2.3m	1.3m	1.33m	0.75m	0.84m	0.47m	0.57m	0.32m
	7.0m	13.2m	7.4m	8.8m	4.9m	4.5m	2.5m	3.2m	1.8m	1.86m	1.05m	1.17m	0.66m	0.79m	0.44m
	10.0m	18.8m	10.6m	12.6m	7.1m	6.5m	3.6m	4.5m	2.5m	2.7m	1.5m	1.67m	0.94m	1.13m	0.64m
	20.0m	37.7m	21.2m	25.1m	14.1m	12.9m	7.3m	9.0m	5.1m	5.3m	3.0m	3.3m	1.9m	2.26m	1.27m

フルサイズ センサーサイズ 36.mm	レンズ焦点距離（f） カメラからの距離	12mm		18mm		35mm		50mm		85mm		135mm		200mm	
		水平	16:9での垂直	水平	16:9での垂直	水平	16:9での垂直	水平	16:9での垂直	水平	16:9での垂直	水平	16:9での垂直	水平	16:9での垂直
	0.3m	0.90m	0.51m	0.60m	0.34m	0.31m	0.17m	0.22m	0.12m	0.13m	0.07m	0.08m	0.05m	0.05m	0.03m
	0.5m	1.50m	0.84m	1.00m	0.56m	0.51m	0.29m	0.36m	0.20m	0.21m	0.12m	0.13m	0.08m	0.09m	0.05m
	1.0m	3.0m	1.7m	2.0m	1.1m	1.03m	0.58m	0.72m	0.41m	0.71m	0.40m	0.27m	0.15m	0.18m	0.10m
	1.5m	4.5m	2.5m	3.0m	1.7m	1.54m	0.87m	1.08m	0.61m	0.64m	0.36m	0.40m	0.23m	0.27m	0.15m
	2.0m	6.0m	3.4m	4.0m	2.3m	2.1m	1.2m	1.44m	0.81m	0.85m	0.48m	0.53m	0.30m	0.36m	0.20m
	5.0m	15.0m	8.4m	10.0m	5.6m	5.1m	2.9m	3.6m	2.0m	2.1m	1.2m	1.33m	0.75m	0.90m	0.51m
	7.0m	21.0m	11.8m	14.0m	7.9m	7.2m	4.1m	5.0m	2.8m	3.0m	1.7m	1.9m	1.05m	1.26m	0.71m
	10.0m	30.0m	16.9m	20.0m	11.3m	10.3m	5.8m	7.2m	4.1m	4.2m	2.4m	2.7m	1.5m	1.80m	1.01m
	20.0m	60.0m	33.8m	40.0m	22.5m	20.6m	11.6m	14.4m	8.1m	8.5m	4.8m	5.3m	3.0m	3.6m	2.0m

※ "アングルファインダー アプリ" などを検索すると、ロケハンで構図の確認に使えるカメラアプリが見つかる。利用するカメラをプリセットして写せば、レンズごとの撮影範囲が分かって便利だ。役者とカメラの位置関係を調べて把握しておくと、新たな構図を発見できる。

●指物差し表

ロケハンや撮影時に距離を計りたい時がある。とっさに計れるように、自分の指や腕や歩幅などを知っておくと便利だ。

親指から人差し指まで広げた長さ	cm
親指から小指まで広げた長さ	cm
両腕を広げた長さ（≒身長とほぼ同じ）	cm
普通に歩いた時の歩幅	cm
大きめに歩いた時の歩幅	cm

以上をコピーして、ラミネート加工し、パンチで穴を開けて紐を通し身につけておくと、すぐ取り出せて重宝する。

POINT これらの早見表があると、プリプロ、撮影、ポスプロの各現場で、スケジュールや機材の調整、構図やカメラの設定などに大変役に立つ。さっと見れるようにコピーをして、持っておこう。

※監修者のWEBページ 「映画制作の教科書」 http://filmmakebook.minatokan.com

フィルムメーカーたちの体験談④

宣伝と集客のアイデア

菅野 健太 シアターセブン支配人

　作った映画をお客様に見ていただく機会として、映画祭への出品や劇場公開を目指す方も多いと思いますが、当館は関西でも自主制作作品の占める割合が高い劇場です。コンペ形式で選考する場合や、配給会社がついていなければ直接作品を持ち込まれる監督やプロデューサーも少なくありません。

　上映作品を選ぶにあたって、作品の質はもちろん、どのように「**宣伝**」して「**集客**」するかも非常に重要です。チラシやポスターといった紙の宣材物、SNSやホームページでの情報発信は当然として、いかにお客様の興味を引いて足を運んでもらうかというアイデアは、劇場も常に欲しています。そして、限られた宣伝費の中で監督やスタッフ、役者がある程度自由に宣伝活動を行うことができるのも自主映画の魅力かと思います。

　配信やサブスクリプションが主流のこの時代に、映画館という場の必要性や価値を、自主制作映画関係者の皆様と一緒に見出していければと思っています。

外国語を勉強しよう

星野 零式 プロデューサー・俳優

　映画には「なにこれ？」と思う役割のスタッフがいたり、聞いたことのないジャンルの映画もありますね。私がやっているのは平均3分のバカ映画を20本以上つないで作るオムニバス**「鉄ドン（てつどん）」**シリーズのプロデューサーです。

　43歳から年1本ペースで制作し、「ゆうばり国際ファンタスティック映画祭」でワールドプレミア上映、国内外の映画祭で上映され、スペインでは似たコンテスト「ビックスドン」が始まりました。参加監督は日本をはじめ、アメリカ、香港、韓国、メキシコ、スペインと多国籍です。

　多くの方は私より若くして監督を志しているとは思いますが、人生は自分が思いもしなかったことが起こります（良くも悪くも）。あなたの作る映画が上手くいくならきっと外国の方々と関わることになるので、今から外国語の勉強をお勧めします。してこなかった50歳のおっさんは大変苦労しています。そして、制作の初期に、**撮影期間や予算が少なくて済む短編映画**を作ることもお勧めします。それが「**鉄ドン**」であれば大変うれしいのですが。

映画は一人でも作れる

佃光 監督／代表作『ミズノの帰還』

　関西でコメディ映画を作りつづけて、気がつけば10年以上になります。続けていると大したもので、いろんな国で上映していただいたり、熱烈なメッセージをいただいたりします。

　僕が最初に作った作品は『コロッセオ鴨川』という短編作品で、学生時代に最初にカメラを触ってからひと月ぐらいで作りました。河原と神社と友人のアパートで、3日くらいで撮影しました。スタッフや出演者も友人です。

　最初の作品を作ってから、機材について勉強したり、役者をやっている知人ができていきました。映画についてよく分からなかったり、仲間がいなくても、とにかく1作品作ってしまえば作家なので、仲間も作りやすいのでお勧めです。ビビらずまずは河原でなんか撮って、**とにかく完成させて人に見せよう！**

ビジョン

手塚眞 監督 / 代表作『白痴』

　映画を作るとき"テーマ"というのは必ずしも最初から必要ではありません。テーマは作る途中で見えてきたり、完成したときにやっとはっきりするものです。ぼくがその代わりに大切にしているものは"**ビジョン**"です。ビジョンというのは、必ずしも映像のことではありません。映画全体のムードであったり、世界観であったりします。もちろん具体的な場面であったり、ひとつの映像であることもあります。『白痴』という映画を作ったとき、最初に思い描いたひとつのビジョンは「**空は晴れていて、地面が曇っている世界**」というイメージでした。ぼくの中にある"**日本の印象**"がそうだったからです。現実にはありえないことです。空が晴れていれば、地面も晴れていなければなりません。それが曇っているということは、この映画は超現実的で、リアルな世界とは違うものを求めているということです。スタッフはそんな映像を作るために、早朝、太陽が昇る前の薄明りで撮影したり、照明に蛍光灯を使ったり、ロケのときに大きな半透明の幕を天井のように張って太陽の光を遮って、その下で撮影をしたりしました。それらは本当に準備が大変で苦労をしましたが、そうして撮影された映画は国際的な撮影の賞（カメリマージュ映画祭のシルバーフロッグ賞）を獲りました。蛍光灯で作られた照明はたちまち世界中で流行りました。曇り空のような薄暗い映像の映画も増えていきました。曇り空は主人公の心情や、それを取り巻く社会の印象も表現していたのです。

　しかし、ビジョンは空想的なものばかりとは限りません。とてもリアルな、その場所の温度や匂いまで感じられるようなビジョンだってあっていいのです。あるいは主人公の人柄や行動がビジョンになるときもあります。たとえば"**悲しいのに、いつも笑っている主人公**"というのもビジョンです。そうすると演出するときには「**なぜ彼はいつも笑っているのか？**」「**どんな風に笑っているのか？**」「**笑っているときにはどんな色が相応しいか？**」などと詳しいことを次々と考えてゆけるでしょう。"**ビジョン**"は映画を演出する上で、基礎（ベース）になる要素なのです。

好きなら始めよう、仲間や結果はついてくる！　鬼村悠希 監督 / 代表作『労働オブザ輪廻』

　僕の映画制作のキャリアは10年前、高校卒業後から専門学校や大学に通わず独学で、友達とスマホのカメラで短編映画を作るところから始まりました。今思えば、映画にハマり出したのは中学生2年生の頃で、それまではまさか映画を"**作る側**"を志すと思ってはいなかったのです。だけど、"**映画が好きだ**"と言う気持ちに後押しされて、今に至りました！

　才能や基礎や知識がなくても"好き"と言う気持ちさえあれば、いい作品は作れると思います。なので是非、映画が好きで"**映画を作ってみたい**"と思ったらまず、自分で撮ってみて、続けていって欲しいです。**仲間や結果は必ず付いて来てくれます！**

※鬼村監督作品は、本書125P「48HFP 大阪大会参戦記（衣笠組 VS 鬼村組）」でも紹介しています）

あとがき
■■■■■■

　守破離という言葉があります。何かを学ぶときの方法です。まず ″**守る**″、教えをそのままやる。次に ″**破る**″、自らの工夫を加えて変形する。そして、″**離れる**″、教えから自由になる。

　この本を作ったきっかけは、映画作りを初めて学ぶ生徒さんに渡す適当な教科書が見当たらないことでした。素晴らしい専門書はたくさんあるのですが。

　私もさまざまな本から学びました。やはり**守破離**をしていたように思います。本を読んで、やってみて、そして自分なりに改良して、私にとっての本質を見つける。

　本書を読んで、何度か疑問を感じられたかもしれません。実はその疑問こそが素晴らしいのです。「**作品作りに正解はない**」。教室でよく言う言葉です。

　本書には、私が長い時間をかけて学んだことを詰め込みました。本書を ″**守り**″、なぞって体験することで、その後の工夫や自由になる過程がスムーズになることと思います。その先はどうぞ ″**破り**″ ″**離れ**″ て、あなたの作り方を見出してください。それが本書の目的です。

　これから、映画・映像作品を作ることは、さらに当たり前のことになってゆくでしょう。昔は貴族しか書けなかった日記を今は誰でも書けるように。絵や小説を作ることが身近になったように。そのときに、この本があなたが楽しく作ったり観たり広めたり救われたりの、きっかけになれたらと願います。

　映画作りで道しるべにしていた言葉を2つ。

「後悔のない人生なんてあるものか。だからこそ、このためならと思うことを」
（言った人不明）

「その道に入らんと思う心こそ我身ながらの師匠なりけれ」（千利休）

　紙とペンがある？ じゃあ物語が作れる。手元にスマホは？ じゃあ何か撮ってアプリで編集を！ ミニシアターや上映会に出かけませんか？ 何かが始まります。

衣笠 竜屯

衣笠 監督『シナモンの最初の魔法』撮影風景

衣笠 監督『りんごのカケラ』撮影風景

参考文献

『SAVE THE CAT の逆襲 書くことをあきらめないための脚本術』ブレイク・スナイダー著　廣木明子訳
『SAVE THE CAT の法則 本当に売れる脚本術』ブレイク・スナイダー著　菊池淳子訳
『映画を書くためにあなたがしなくてはならないこと シド・フィールドの脚本術』シド・フィールド著　安藤紘平 他訳
『4大デッキで紐解くタロットリーディング事典 78枚のカードのすべてがわかる』吉田ルナ,片岡れいこ著
『発想法-創造性開発のために』川喜田二郎著
『物語の体操～みるみる小説が書ける6つのレッスン』大塚英志 著
『なにもない空間』ピーター・ブルック著, 高橋 康也 他訳
『サンフォード・マイズナー・オン・アクティング』S・マイズナー,D・ロングウェル著 仲井真嘉子,吉岡富夫訳
『イヴァナ・チャバックの演技術:俳優力で勝つための12段階式メソッド』イヴァナ・チャバック著 白石哲也訳
『リアリズム演技』ボビー中西 著（オリジナルはサンフォードマイズナースクールの英語版）

協力

芸能事務所プロジェクト・コア　http://p-koa.com
学校法人 瓶井学園 日本コンピュータ専門学校
シアターセブン
［俳優］
栗田 ゆうき　松田 尚子　篠崎 雅美　西出 明　白澤 康宏
樋渡 あずな　辻岡 正人　舛本 昌幸　山崎 遊　海道 力也
［コラム執筆］
辻岡 正人　田中 健詞　安田 真奈　安田 淳一
森 亮太　谷川 ケン　長嶺 英貴　菅野 健太
星野 零式　佃 光　手塚 眞　鬼村 悠希

プロジェクト・コア / ワークショップ風景

　この本の出版に協力してくださった以下の皆様に心から感謝申し上げます。それぞれの映画のスタッフやキャスト、関係団体の方々、体験談を執筆していただいた映画関係者の皆様、日本コンピューター専門学校の方々と CG 映像制作コース 2018-19 年度生徒たち、プロジェクト・コアの方々と衣笠ワークショップ生徒たち、そして本書を形にしていただいた編集スタッフ及びメイツユニバーサルコンテンツの編集者の方々、さらに 30 年間その折々の仲間、いつも見守っていてくださる皆様、ありがとうございます。　　　　　　　　　　　衣笠 竜屯

監修者の WEB ページ「映画制作の教科書」　http://filmmakebook.minatokan.com

スタッフ紹介

●監修　衣笠 竜屯（きぬがさりゅうとん）
1989年設立の映画制作サークル「神戸活動写真倶楽部 港館」で30年間、学生・社会人などの映画を初めて作る人々を指導し多くの作家を育てる。
16歳から映画を作り続けるかたわら、プログラマーとして勤務したのち、コンシューマーゲーム企画開発なども行う。

・2012年～2013年 社会人向け映画制作講座「日曜は映画監督」講師
・芸能事務所プロジェクト・コア 講師
・学校法人瓶井学園日本コンピュータ専門学校CG映像コース講師

▼監督作品
・2009年 明石CATV短編映画『草の時、風の場所』
・2015年『シナモンの最初の魔法』DVDレンタル中。
・2015年 短編映画『第六感』ミニシアター興行上映。
・2015年『クラブのジャック～やすらぎの銃弾』公開。

●制作協力　佃光（つくだひかる）
映画監督。京都大学経済学部卒業。バンタンデザイン研究所映像コース、学校法人瓶井学園日本コンピュータ専門学校CG映像コース講師。代表作『ミズノの帰還』。

●企画・イラスト・デザイン・編集　片岡 れいこ
映画監督、俳優、クリエイター、占い師、版画家。京都市立芸術大学卒業後、広告代理店、英国留学を経て、書籍の執筆や編集を手がける。近年、自身でも総合芸術である映画制作にたどり着き、監督として活動中。代表作『人形の家』。

▼著書（メイツ出版より）
・『カナダへ行きたい！』
・『イギリスへ行きたい！』
・『イラストガイドブック 京都はんなり散歩』
・『トルコイラストガイドブック 世界遺産と文明の十字路を巡る旅』
・『乙女のロンドン かわいい雑貨、カフェ、スイーツをめぐる旅』
・『北海道体験ファームまるわかりガイド』
・『幸せに導くタロットぬり絵 神秘と癒しのアートワーク』
・『人間関係を占う癒しのタロット解決へ導くカウンセリング術』
・『4大デッキで紐解くタロットリーディング事典 78枚のカードのすべてがわかる』

●編集協力　小橋 昭彦
NPO法人情報社会生活研究所創業者。地域メディア運営等により平成17年度総務大臣表彰受賞。著書『ここまでわかった!? 最新雑学の本』（講談社+α文庫）。プロデュース映像『丹波市制10周年記念映像～ありがとう 未来への飛躍～』。

●編集協力　板垣 弘子

映画制作の教科書　プロが教える60のコツ
～企画・撮影・編集・上映～

2020年 1月30日　第1版・第1刷発行
2024年 3月15日　第1版・第6刷発行

監修者　衣笠 竜屯（きぬがさりゅうとん）
発行者　株式会社メイツユニバーサルコンテンツ
　　　　代表者　大羽孝志
　　　　〒102-0093　東京都千代田区平河町一丁目1-8
印　刷　三松堂株式会社

ご意見・ご感想はホームページから承っております
ウェブサイト　https://www.mates-publishing.co.jp/

企画担当:堀明研斗